tredition®
www.tredition.de

Die Tabelle

Michael F. Stelzer

Widmung

Dieses Buch widme ich allen Menschen, denen niemand beigebracht hat, richtig mit Geld umzugehen.

Und allen Personen, die mich unterstützt und bestärkt haben, dieses Werk zu vollenden und es zu veröffentlichen.

Ich musste bitter erfahren, wie es schieflaufen kann, und mir selbst beibringen, mit Geld umzugehen.

Mit diesem Buch möchte ich erreichen, dass junge wie ältere Menschen, einen Nutzen von meinem Wissen haben. Es soll ihnen dadurch finanziell bessergehen als mir in meinen jungen Jahren.

Michael F. Stelzer

Immer flüssig sein!

oder

Die Tabelle

Impressum:

© 2018 Michael F. Stelzer

1. Auflage
Band 1 der Reihe: Solvent mit der Tabelle

Umschlaggestaltung, Illustration: Michael F. Stelzer
Lektorat: Kornelia Pingel
Korrektorat: Diana Stelzer

Verlag: tredition GmbH, Hamburg

ISBN Taschenbuch: 978-3-7469-7983-0
ISBN Hardcover: 978-3-7439-6483-9
ISBN E-Book: 978-3-7469-7474-3

Bibliografische Information der Deutschen Nationalbibliothek:
Die Deutsche Nationalbibliothek verzeichnet diese Publikation in der Deutschen Nationalbibliografie; detaillierte bibliografische Daten sind im Internet über *http://dnb.d-nb.de* abrufbar.

Inhaltsverzeichnis

Danksagung

Ein Dank gilt meiner geliebten Frau Diana. Sie war das erste Opfer, das mein Buch lesen musste, als Korrektor. Der Inhalt war ihr ja schon aus unserem Leben bekannt. Danke mein Schatz! Ich liebe Dich!

Einen weiteren großen Dank richte ich an eine liebenswerte Person, der Sie zu verdanken haben, dass das Buch so ist, wie es jetzt ist. Sie stand mir als Lektorin hilfreich zur Seite. Außerdem lege ich gesteigerten Wert auf ihre persönliche Meinung zur Qualität des Inhalts. Danke meine liebe Lektorin Kornelia Pingel.

Drittens, mein brillanter Versicherungsagent, den ich jederzeit vorbehaltlos weiterempfehlen kann. Helmut Riepl, Allianz Versicherungsbüro in Gersthofen bei Augsburg. Sollten Sie jemals bestens versorgt sein wollen, so wenden sie sich vertrauensvoll an diesen Mann. Dort ist Service noch großgeschrieben. Leider wird er, wie ich, niemals reich werden, denn er denkt zu viel an andere und zu wenig an seinen eigenen Vorteil. Das macht ihn einzigartig und vertrauenswürdig. Danke Helmut!

Einen speziellen Dank kann ich einer unbekannten Person schicken. Dieser Herr wollte irgendwelche E-Books verkaufen, mit einer Anleitung wie man ein E-Book schreibt, veröffentlicht und verkauft. Er sagte in seinem Werbevideo „Schreiben Sie E-Books". Ich habe das wörtlich genommen, aber seines nicht benötigt. Jetzt hoffe ich, dass ich mein Buch ohne seine Tipps ertragreich vermarkten kann, als Taschenbuch, Hardcover und als E-Book. Später ist eine Amazon-Sonderausgabe nicht ausgeschlossen. Trotzdem danke unbekannter Autor.

Einen, vorerst letzten, Dank richte ich an meinen hochgeschätzten, kroatischen Arbeitskollegen Danko Saraja. Er hat mich zu der Überzeugung gebracht, dass man im Leben einen „Plan B" braucht, falls das gewohnte Einkommen wegbricht und überhaupt. Er hat mich motiviert, mein Buch zu schreiben. Danke Danko! Hvala!

Danke an alle, die an mich geglaubt haben und an alle Leser dieses Buches, an alle, die damit Erfolg haben und an diejenigen, die es weiterempfehlen.

Michael F. Stelzer

Vorwort

Im Jahre 2007 holte mich die Vergangenheit ein. Es war ein Leben, das ich verdrängt hatte. Erfolglos, wie sich zeigte. Spätestens als der Gerichtsvollzieher meine „Vermögensaufstellung" oder „eidesstattliche Versicherung", wie das damals hieß, verlangte.

Durch eine, wenig einträgliche, Selbständigkeit und eine Scheidung hatten sich bei diversen Gläubigern Schulden angesammelt, die ich nicht mehr zurückzuzahlen vermochte. Es waren hartnäckige Gläubiger, die sich äußerst ungern mit „nichts" abfinden wollten.

Ich steckte weiterhin ein paar Jahre den Kopf in den Sand, bevor ich erwachte. Aber dieser Teil der Geschichte findet sich in meinem anderen Buch, wo ich erkläre, wie man ohne Insolvenzverfahren Restschuldbefreiung erlangen kann. Das Buch trägt bisher den Arbeitstitel „Schuldenfrei! Wie ich es schaffte" und ist in der Planung.

Dennoch war dies der Auslöser für meine „Tabelle", mithilfe dieser ich unter anderem, aber nicht ausschließlich, die Abzahlung meiner Schulden sicherstellte. Die Vogelstraußpolitik hatte ein Ende. Natürlich hatte ich immer noch keine gestei-

gerte Lust, mein Leben lang für Schulden zu bezahlen oder mir gar mein hart erarbeitetes Geld pfänden zu lassen. Deshalb hatte ich mit meinen Gläubigern einen Vergleich ausgehandelt. Diese bekamen einen Teil der Schulden, auf Raten. Die Restschuld wurde mir danach erlassen. Diese ließen sich darauf ein, bestanden aber auf pünktlichen Zahlungseingang. Es war Teil der Vereinbarung, dass bei Ausfall einer einzigen Rate die Gesamtschuld sofort fällig wird.

Da die Schulden alle längst in einem pfändbaren Stadium waren, würde das für mich bedeuten, dass der Gerichtsvollzieher wieder anklopft. Vielmehr noch würde es aber heißen, dass ich alle bisherigen Raten quasi nichts als schuldmindernd bezahlt hätte. Die Zinsen waren damals weit höher als heute. Diese würden plötzlich wieder fällig und ebenso die geschätzt 60% der Forderungen, auf die die Gläubiger mit meinem Vergleich verzichtet hatten. Würde ich eine einzige Zahlung übersehen und auf diese Weise eine Abzahlungsrate nicht bedient werden, so hätten mich die Folgen ca. dreißigtausend Euro gekostet.

Sie werden mir sicher beipflichten, wenn ich behaupte, ich war gezwungen, dringend ein System finden, mit dem mir niemals eine Lastschrift zurückgebucht wird, beziehungsweise meine Daueraufträge stets bedient würden. Diese haben ja bei Banken nicht unbedingt höchste Ausführungspriorität, wenn das Konto nicht gedeckt ist.

Mein System musste so sicher sein, dass es selbst mit Hartz IV reibungslos funktioniert.

Dann war da zusätzlich das Problem, dass alle möglichen Zahlungen unterschiedliche Fälligkeitsdaten und Zahlungsrhythmen haben. So wird die eine Versicherung halbjährlich fällig, die Autosteuer wird jährlich abgebucht, andere Dinge kommen vierteljährlich und monatlich. Sowas vermag man doch gar nicht alles im Kopf zu haben.

Ob es so funktioniert wie hier beschrieben, hängt meist von der konsequenten und ordentlichen Ausführung des Einzelnen, sowie seiner Disziplin ab. Disziplin deshalb, weil es einige Regeln gibt, an deren Einhaltung Sie dringend festhalten sollten, damit das System in der Praxis funktioniert. Ich selbst war bei dieser Sache höchst konsequent und habe mit meiner Tabelle äußerst präzise Arbeit geleistet. Aber es ist kein Hexenwerk. Jedermann vermag das.

Seit dem 16.01.2018 habe ich es geschafft. Ich habe die endgültige Restschuldbefreiung und zwar *ohne Privatinsolvenz! Dabei habe ich über dreißig-tausend Euro eingespart, dies weil ich nicht eine einzige Rate im Rückstand blieb!*

Aber die Tabelle dient eben nicht ausschließlich dazu, sich von Schulden zu befreien. Wenn Sie sich dieses System einmal eingerichtet haben und es läuft, dann wollen Sie es nie mehr missen. Meine Frau ist mir ebenfalls dankbar, dass ich dies für sie eingerichtet habe.

Ich habe das System erdacht, das notwendige Geld angespart und es zum Laufen gebracht. Das macht es seit dem 16. Februar 2012 immer rei-bungslos. Aller Voraussicht nach wird es das bis zu meinem Ableben.

Bleibt mir an dieser Stelle, Ihnen viel Freude mit meinem Buch zu wünschen und mir, dass Sie es nicht allzu trocken finden.

Abschließend wünsche ich Ihnen, dass Sie mit meinem System denselben Erfolg erzielen wie ich. Und ich wünsche Ihnen, dass Sie Dank dieses Sys-tems in gewissen Monaten flüssiger sind als vorher und sich dadurch Ihre Gesamtsituation verbessert.

Michael F. Stelzer

Was haben Sie davon?

In diesem Buch erkläre ich Ihnen ein System, welches ich entwickelt habe und selbst erfolgreich anwende. Seit dem 16. Februar 2012 funktioniert dieses System erfolgreich.

Wer kennt das nicht? Im Januar hat man meist wenig Geld zur Verfügung, nicht alleine, weil Weihnachten war. Nein, es wird wieder einmal alles fällig, was nur möglich ist. Versicherungen, Jahresabrechnungen und wer weiß was. Das sind große Posten. Im Juli wiederholt sich das gleiche Spiel in evtl. etwas abgeschwächter Form.

Lernen Sie mit diesem Buch leicht verständlich, wie Sie trotzdem jeden Monat gleich viel Geld zur Verfügung haben, obwohl Ihre festen Ausgaben jeden Monat unterschiedlich hoch sind.

Egal, ob Sie mehr oder weniger Geld verdienen, vermögen Sie dieses System einsetzen, um Ihre Kosten immer im Blick- und Geld zur Verfügung zu haben.

Es beruhigt, zu wissen, dass man jeden Monat einen festen Geldbetrag zur Verfügung hat.

Selbst mit geringem Einkommen schaffen Sie es, dieses System umsetzen. Im Besonderen dann ist es womöglich sogar äußerst sinnvoll, es so zu machen, wie ich es hier beschreibe.

Was haben Sie davon?

Wenn Sie eine Immobilie finanzieren, wickeln Sie die Ratenzahlungen hiermit leichter ab und stellen diese sicher. Es ist sogar äußerst empfehlenswert.

Mancher Kleinunternehmer könnte sich mit einem solchen System vor der Insolvenz schützen.

Falls Sie schon irgendwelche laufenden Verbindlichkeiten abzahlen, so schützen Sie sich hiermit wirkungsvoll vor dem Ausfall von Raten. Gleich, ob übersehen oder mangels Kontodeckung. Wer liest schon gerne Mahnungen?

Ich habe am eignen Leib erfahren, dass ich beim Klingeln an der Haustüre nervös wurde und immer mit einem gewissen Unwohlsein an den Briefkasten schlich. Das war, bevor ich mich mit meiner Situation auseinandersetzte und dieses System erdachte. Das möge Ihnen erspart bleiben.

Kurz erklärt

Sie haben feste Ausgaben/Kosten. Diese kehren immer wieder, fallen aber nicht jeden Monat gleichermaßen an. Sie haben außerdem unterschiedliche Fälligkeiten. Beispielsweise kommt der Strom alle zwei Monate, die Autoversicherung vierteljährlich und die Autosteuer einmal im Jahr, etc. Diese Ausgaben nennen wir ab hier der Einfachheit halber „Fixkosten".

Das System beruht darauf, mit zwei Konten zu arbeiten und vom Lohn-/Gehaltskonto monatlich per Dauerauftrag eine feste Summe auf ein zweites, speziell dafür definiertes Konto, zu überweisen. Das Lohn-/Gehaltskonto wird im weiteren Text der Einfachheit halber von mir als „Einnahmenkonto" bezeichnet. Wenn im weiteren Verlauf des Buches vom „Abwicklungskonto" die Rede ist, so ist dieses eine Konto gemeint, welches wir speziell für unser System, eben zur Abwicklung der laufenden Kosten, definiert haben.

Mithilfe einer Tabelle fassen Sie alle Ihre Fixkosten zusammen und bringen diese auf einen monatlichen Durchschnittsbetrag. So wird der regelmäßige Überweisungsbetrag errechnet. Das ist quasi des Pudels Kern. Jetzt haben Sie statt schwankender Fixkosten jeden Monat die gleichen Kosten. Alles was in größeren Abständen an höheren Ausgaben hereinkommt, wird praktisch gleichmäßig auf das Jahr verteilt.

Man muss kein Genie sein, um zu bemerken, dass das nicht funktionieren kann, wenn man mit dem System in einem Monat beginnt, an dem die Fixkosten über dem Durchschnitt liegen.

Damit ist klar, dass das System ausschließlich funktionieren wird, wenn man vorher etwas Geld auf dem Abwicklungskonto angespart hat. Wie man das im Einzelnen leicht umsetzt, ist der wesentliche Bestandteil dieses Buches und bedarf einer ausführlichen Erklärung.

Wenn alles fertig eingerichtet ist, läuft das System reibungslos, komfortabel und kostet Sie gar nichts.

Na ja, ausgenommen der zusätzlichen Kontoführungsgebühren für das Abwicklungskonto. Ich denke, diese werden Sie schnell verschmerzen, wenn Sie einmal sehen wie reibungslos das läuft.

Danach sind Sie immer flüssig. Denn alles Geld, welches nach der monatlichen Überweisung auf Ihrem Einnahmenkonto verbleibt, steht zu Ihrer freien Verfügung. Dies ist der fix kalkulierbare Betrag, von dem ich im vorigen Kapitel schrieb.

Wenn Sie Berufsanfänger sind und bisher kaum Ausgaben haben, dann bietet es sich buchstäblich an, sofort mit diesem System anzufangen. Sie brauchen dann keine so hohen Beträge ansparen.

Ich selbst wollte mit diesem System vordergründig die Abzahlung von Verbindlichkeiten im Griff haben. Zusätzlich begehrte ich, mittels eines Sparvertrags, etwas Geld auf die Seite zu bringen.

Außerdem wollte ich mein Einnahmenkonto übersichtlicher gestalten.

Wie immer Ihre persönliche Motivation sein mag, Sie erleben Ihrer Mühe Lohn schon nach einigen Monaten.

Wenn für alle Ausgaben ein einzelner Fixbetrag, jeden Monat vom Einnahmenkonto abgeht, dann weiß man nach diesem Geldabgang sofort, was für den Rest des Monats zum Leben zur Verfügung steht.

Die Bewegungen auf dem Einnahmenkonto werden sich auf Geldeingänge, Barabhebungen und Ihre Kartenzahlungen reduzieren, sowie den einen, monatlichen Geldbetrag zur Begleichung aller Ihrer fixen Kosten. Somit ist Ihr Einnahmenkonto etwas übersichtlicher geworden.

Alle Fixkosten gehen dann vom Abwicklungskonto ab. Auf diese Weise behalten Sie einen besseren Überblick. Vor allem sehen Sie gleich, wenn es bei den Abbuchungen irgendwelche

---

Unstimmigkeiten gibt, da die Anzahl Abbuchungen übersichtlicher geworden ist. Damit das System funktioniert, dürfen Sie von diesem Abwicklungskonto kein Geld abheben.

Daueraufträge und Einzugsermächtigungen, die jetzt noch von Ihrem Einnahmenkonto abgehen, müssen Sie später auf das Abwicklungskonto ändern. Das wird an geeigneter Stelle ausführlich behandelt.

Auf dem Einnahmenkonto verbleibt übersichtlich, was Sie über den Monat zur Verfügung haben.

An dieser Stelle sind wir nochmals beim Thema Disziplin. Sie müssen sicherstellen, dass der Dauerauftrag an Ihr Abwicklungskonto ausgeführt werden kann. Sonst funktioniert es nicht! Am besten richten Sie Ihren Dauerauftrag so ein, dass er direkt nach dem Lohn-/Gehaltseingang abgeht.

Die Vorbereitungen

Mit den ersten Vorbereitungen verschaffen Sie sich einen Überblick über Ihre fixen Kosten. Bereiten Sie sich vor, so fangen Sie an:

1. Legen Sie sich Ihre Kontoauszüge der letzten 13 bis 14 Monate zurecht. Besser einen mehr durchforsten als eine Verbindlichkeit zu übersehen, was Sie dann wieder zurückwirft.

2. Dann benötigen Sie alle Aufzeichnungen von bar gezahlten Fixkosten, falls Sie in der Vergangenheit solche in bar ausgeglichen haben. Wenn diese nicht verfügbar sind, so schätzen Sie die Geldbeträge möglichst genau.

3. Tragen Sie sich mit dem Gedanken, Ihre Fahrkosten ebenfalls über das System zu organisieren? Warum nicht? Wie das lösbar ist, zeige ich Ihnen im zugehörigen Kapitel. Ergo benötigen Sie Fahrkarten oder Tankbelege, die Sie bar bezahlt haben. Ggf. schätzen Sie diese Beträge ebenfalls.

4. Überprüfen Sie, ob Sie irgendwelche stetigen Ausgaben von einem anderen Konto bezahlt haben und notieren Sie diese. (Beträge, die unter Umständen eine andere Person für Sie von deren Konto überwiesen hat.)

5. Markieren Sie zuerst alle diese Bewegungen in Ihren Unterlagen mit einem Textmarker.

6. Danach erstellen Sie sich Notizen über alle diese Ausgaben, am besten in Form einer Tabelle. Die Tabelle finden Sie auf Abb. 1, deren Handhabung wird im nächsten Kapitel ausführlich erklärt.

7. Erfassen Sie genau, wann sie jede Zahlung zuletzt geleistet haben, wann diese wieder fällig wird und in welchen Zeitabständen zu zahlen ist. Das wird wichtig, wenn es darum geht auszurechnen wie viel Sie ansparen müssen, um mit dem Abwicklungskonto und der Tabelle starten zu können.

8. Vergessen Sie beim Notieren Ihrer Ausgaben nicht die Kontoführungsgebühren.

9. Es klingt banal, aber oft vergisst man aus lauter Selbstverständlichkeit den größten Betrag der Ausgaben, die Miete oder die Rate für Ihre Immobilie. Kontrollieren Sie besser zum Schluss alles nochmal, falls Sie sich nicht 100% sicher sind.

10. Eröffnen Sie ein „Abwicklungskonto", falls Sie kein Konto haben, das Sie für diesen Zweck umfunktionieren könnten. Onlinebanking wäre vorteilhaft. Dadurch lassen sich Änderungen schnell an die Bank geben. Natürlich können

Sie Ihre Änderungen auch direkt am Bankschalter tätigen.

11. Für das Abwicklungskonto lassen Sie sich keine Karte ausstellen, schließen Sie ggf. eine vorhandene weg. EC-Karten kosten meist Gebühren, die Sie sich sparen können. Denn von diesem Konto sollen Sie kein Geld abheben. Es wird „unantastbar".

12. Bringen Sie in Erfahrung, welchen Betrag Sie zuerst auf das neue Konto legen müssen, damit das System nicht nach einem Monat in die Knie geht.

Wie Sie alles genau umsetzen, werde ich Ihnen im Folgenden, Schritt für Schritt erläutern.

Achten Sie bei den Kontoauszügen darauf, dass diese mitsamt allen Folgeseiten vollkommen lückenlos sind. Denn, wenn Ihnen eine einzige wiederkehrende Zahlung entgeht, kann es passieren, dass Ihre Rechnung nicht aufgeht. Es kommt schon einmal vor, dass man eine Kontoauszugseite aus dem Ordner nimmt, beispielsweise um jemandem einen Zahlungsnachweis zukommen zu lassen. Die fehlende Seite bekommen Sie von Ihrer Bank, meist gegen eine geringe Gebühr, nachgedruckt. Optimal ist, wenn Sie sich im Onlinebanking die Bewegungen aus diesem Zeitraum selbst ausdrucken können.

Die Vorbereitungen

Letztendlich werden Sie vermutlich feststellen, dass es gar nicht so viele verschiedene Posten sind, die Sie wiederkehrend bezahlen. Der Hauptbestandteil dürfte Miete, KFZ, Telekommunikation und Energie sein. Dann noch ein paar so kleine Dinge wie die GEZ und einige Versicherungen. Diverse Raten nicht zu vergessen. Nichtsdestotrotz sollten Sie keine Zahlung übersehen und sei sie noch so gering! Nicht etwa, dass das furchtbar wäre, trotzdem ist es ärgerlich, wenn man nach langer Arbeit feststellt, dass man nachbessern muss.

Ein großer Betrag, der ebenso gerne übersehen wird, wie er schwierig berechenbar ist, die Jahresabrechnung der Nebenkosten. Die meisten Leute, die in Miete wohnen, zahlen monatlich eine Abschlagszahlung für Nebenkosten. Am Jahresende kommt dann die Abrechnung. Verlassen Sie sich hier niemals auf Ihr Glück! Setzen Sie besser den höchsten Betrag in Ihre Tabelle, den Sie in den vergangenen zehn Jahren nachzahlen mussten, denn die Energiekosten schwanken extrem.

So habe ich zwischen 2002 und 2018 schon Preise von 35 bis 72 Cent für den Liter Heizöl bezahlt. Bei mehreren tausend Litern Verbrauch im Jahr, sind das ganz schön unvorhersehbare Differenzen.

Ähnlich kann es Ihnen mit der Jahresabrechnung beim Strom ergehen. Deshalb habe ich es für mich so geregelt, dass ich in der Tabelle circa zehn Euro mehr eingetragen habe, als monatlicher Abschlag gezahlt wird. So bin ich in etwa auf der sicheren Seite.

Falls eine zusätzliche Person in Ihren Haushalt einzieht, empfiehlt sich, den Abschlag Ihrer Nebenkosten direkt zu erhöhen. Ihr Vermieter wird sich gerne darauf einlassen. Sie können den Betrag errechnen indem Sie den aktuellen Abschlag durch die „alte Anzahl" Personen im Haushalt dividieren und das Ergebnis mit der „neuen Anzahl" Personen im Haushalt multiplizieren.

Bei den Telefonkosten sollten Sie, falls Sie keine Flatrates haben und diese massiv schwanken, circa 10% mehr veranschlagen als der monatliche Durchschnitt im vergangenen Jahr war. Rechnen Sie immer so, dass Sie auf der sicheren Seite sind. Das Geld geht ja nicht verloren.

Kurze Zusammenfassung des Kapitels:

Als erstes Kontoauszüge/Belege nach allen regelmäßigen Zahlungen durchforsten.

Nachkontrollieren auf Zahlungen von anderen Quellen und notieren.

Alles noch einmal nachkontrollieren, unter anderem, ob kein Betrag vergessen wurde.

Den Zeitpunkt Ihrer regelmäßigen Zahlungen und deren Intervalle in die Tabelle übertragen.

Konto, ggf. mit Onlinebanking, (ohne Kontokarte) eröffnen, falls nicht vorhanden.

Den Durchschnitt der letzten Jahresabrechnungen von Nebenkosten und Energie berechnen.

Daten zusammentragen

Die Tabelle kann man getrost als das Herzstück des Systems betrachten. Mit ihr steht und fällt das Ganze.

Sie können es mit dem Computer oder auf dem Papier realisieren, je nachdem, welche Variante Ihnen lieber ist.

Im Folgenden erkläre ich Ihnen den ersten Teil, des Aufbaus Ihrer Tabelle.

Die erste Spalte enthält die Rubrik, in die Sie Ihre Zahlung einordnen. Im Falle unserer Mustertabelle wäre dies „Bank" (für z.B. Kontoführungsgebühren etc.), „Kredit", „Auto", „Versicherungen". Dann wären da weiterhin die Möglichkeiten „Miete", „Kosten" (für alles, was nicht anderweitig kategorisiert ist), „Restschuldbefreiung" und vieles mehr. Meine Kategorisierung ist hier lediglich Abstrakt und kann von Ihnen frei gewählt werden.

„RSB" für Restschuldbefreiung nannte ich beispielsweise bei mir, die Rubrik unter der ich alle meine verglichenen Schulden abzahlte. So hatte ich direkt eine übersichtliche Zusammenfassung.

Die zweite Spalte bekommt die nähere Beschreibung des Zahlungsempfängers. In Ihrer Liste ist es nicht erforderlich, sämtliche Daten wie Bankverbindung etc. zu erfassen. Es geht ausschließlich darum, dass Sie wissen, worum es sich bei dem entsprechenden Posten handelt, wenn Sie in Ihre Liste/Tabelle schauen.

Letztlich ist die ja ausschließlich für Ihre Augen gedacht. Andererseits, wenn Sie das recht gewissenhaft und aussagekräftig machen, können Sie Ihre Tabelle ebenso verwenden, falls Sie einmal jemandem Rechenschaft über Ihre Kosten ablegen müssen. Dann haben Sie die Arbeit kein zweites Mal. Aber sicherlich wird beispielsweise unter der Rubrik „Kosten" der Eintrag „Handyrechnung" ausreichend sein, evtl. zusätzlich die Angabe des Netzbetreibers und ein Unterscheidungskriterium, wenn man mehrere Handys nutzt.

Für die dritte Spalte entnehmen Sie die Häufigkeit der entsprechenden Zahlung in der Regel Ihren Vertragsunterlagen. In manchen Fällen ist es zudem auf der Rechnung oder der Kontobewegung vermerkt, wie z.B. bei der Kfz-Versicherung.

Tragen Sie ein, wie häufig sich diese Zahlung im Jahr wiederholt. Z.B. 4 bei dreimonatiger (vierteljährlicher) Zahlungsweise oder 1 bei jährlicher Zahlungsweise, 12 bei 1-monatiger (monatlicher) Zahlungsweise.

Achtung Fallstrick! Seien Sie bei dieser Spalte auf der Hut. Man lässt sich leicht dazu verleiten eine 3 einzutragen, wenn man eine 3-monatige (vierteljährliche) Zahlungsweise erfassen möchte.

Aber wenn Sie alle drei Monate zahlen müssen, so kommt die Zahlung viermal im Jahr. Also müssen Sie bei einer 3-monatigen Zahlungsweise eine 4 eintragen oder eine 6, bei 2-monatiger Zahlweise! Sie wissen das natürlich, aber Flüchtigkeitsfehler passieren. Mir jedenfalls.

Alles in Ihrer Tabelle bezieht sich auf zwölf Monate! Die Folge des eben beschriebenen Fehlers wäre, dass Sie 25% zu wenig für diesen Posten auf das Abwicklungskonto übertragen. Dadurch wäre zu wenig Geld vorhanden und es bestünde, trotz all unserer Mühe, die Gefahr, das Abwicklungskonto zu überziehen. Sogar Rücklastschriften mangels Kontodeckung wären möglich. Welche wir ja hiermit vermeiden wollen.

Spalte vier ist unkompliziert zu bedienen. Sie schreiben nur den Betrag hinein, den Sie bei Ihrer letzten Zahlung überwiesen haben. Einen kleinen Stolperstein gibt es dennoch. Es besteht die Möglichkeit, dass Sie inzwischen eine neue Rechnung, z.B. über die Autoversicherung, bekommen haben, so dass sich der Überweisungsbetrag für Ihre nächste Zahlung ändert. In diesem Fall verwenden Sie bitte gleich den zukünftigen Wert. Sie sparen sich dadurch die Arbeit, dies später korrigieren zu müssen. Arbeiten Sie mit den aktuellsten Zahlen, die Ihnen zur Verfügung stehen.

Eine weitere mögliche Fehlerquelle: Wenn Sie beispielsweise eine Zahlung manuell überwiesen haben und eine Mahngebühr enthalten ist, so tragen Sie den Betrag ohne diese in die Spalte ein. Mahngebühren gehören der Vergangenheit an, wenn Ihr System läuft.

Für die fünfte Spalte haben wir schon alle Daten zusammengetragen. Wir brauchen den Inhalt nur auszurechnen und einzutragen. Multiplizieren Sie hierzu den Wert aus dem einzelnen Rechnungsbetrag (Spalte 4) mit der Häufigkeit der Zahlung (Spalte 3) und dividieren Sie das Ergebnis durch 12. Nehmen wir als Beispiel die Autoversicherung, die vierteljährlich bezahlt werden muss. 4 x 267,80 : 12 = 89,27 pro Monat.

Es ließe sich das, in den Fällen monatlicher Zahlungsweise, einfach aus der Spalte vier abschreiben. Dennoch macht die vorher genannte Methode Sinn, vor allem wenn Sie mit einer Tabellenkalkulation arbeiten. Da ist es unumgänglich, in jeder Zeile die Formel gleich zu berechnen, denn es könnte sich im Laufe der Zeit das Zahlungsintervall ändern.

Die Formel für die Berechnung lautet also: „= Spalte 4 x Spalte 3 durch 12".

Falls Sie mit Tabellenkalkulation nicht vertraut sind, Ihnen die Bildung der Formeln Schwierigkeiten bereitet oder Sie keine Lust haben eine

Tabelle zu erstellen, bekommen Sie bei mir für kleines Geld eine vorgefertigte digitale Tabelle. Diese können Sie online erwerben. Das erspart Ihnen eine Menge Arbeit. (Hier bekommen Sie die Tabelle: *dietabelle.knowhelp.de*)

Nun können Sie mit dem Anlegen der Tabelle und den ersten Einträgen beginnen.

Zeichnen Sie sich eine Tabelle nach Muster der Abb. 1. Legen Sie das Blatt am besten im Querformat an und lassen Sie rechts noch etwas Platz für weitere sechs Spalten. Zunächst wollen wir uns jedoch auf die ersten fünf Spalten konzentrieren, um einen besseren Überblick zu behalten. Die Verwendung einer Tabellenkalkulationssoftware kann ich hierzu empfehlen.

Dann durchkämmen Sie zuerst einmal alle Ihre Kontoauszüge und Aufzeichnungen, die Sie am Anfang hergerichtet haben, nach allem, was immer wieder kontinuierlich bezahlt werden muss. Erfassen Sie selbst das Abo für Ihre Zeitung. Tragen Sie alles in Ihre Tabelle ein. Vergessen Sie nicht die Kosten für den E-Mail-Account und die Brillenversicherung, die zehn Euro im Jahr kostet.

Daten zusammentragen

Abb. 1

Ausgabenübersicht

Art d. Ausgabe	Bezeichnung	Häufigkeit pro Jahr	Betrag per Bewegung	Monatsbetrag
Bank	Kontoführung	12	6,50 €	6,50 €
Kredit	Handy/Ratenkauf	12	40,00 €	40,00 €
Auto	Steuer	1	308,00 €	25,67 €
Auto	Versicherung	4	267,80 €	89,27 €
Versicherungen	Hausrat/Haftpfl/Glasbruch	4	95,00 €	31,67 €

Jeder Posten muss erfasst werden. Nur so wird es funktionieren. An dieser Stelle erinnere ich nochmals an die Kontoführungsgebühr für das „Abwicklungskonto".

Sie können auch eine zusätzliche Zeile in der Tabelle für die Jahresabrechnung anlegen. So bilden Sie eine Rücklage für Nachzahlungen. Wählen Sie 1-malige Zahlung pro Jahr. Die Höhe sollten Sie dann mit grob 10% bis 20% Ihres Jahresverbrauches berechnen.

Rechenformel:
„Monatsbetrag x 0,1 oder 0,2 x 12"

Markieren (oder streichen) Sie in Ihren Unterlagen jeden Posten, den Sie in der Tabelle erfasst haben, um nicht die Orientierung zu verlieren.

Zunächst wird Sie vermutlich interessieren was Sie an Ausgaben zusammenbringen und wie hoch Ihre durchschnittliche Belastung im Monat ist. Dann lassen Sie uns einmal mit dem Zusammentragen der Daten anfangen.

Wenn Sie jetzt unter die letzte Zeile Ihrer Tabelle einen Strich ziehen und vom Monatsbetrag (Spalte 5) eine Summe bilden, dann haben Sie schon die halbe Miete. Das Ergebnis ist Ihre durchschnittliche monatliche Belastung an Fixkosten. Runden Sie die Summe auf den nächst höheren, vollen 50,- € Betrag auf, wenn Sie den Dauerauftrag von Ihrem Einnahmenkonto auf das Abwicklungskonto einrichten. Mit dieser Rundung haben Sie einen kleinen Sicherheitspuffer für eventuelle Fehlberechnungen oder minimale Preisänderungen.

Wenn ich als Beispiel die Summen unserer Tabelle aus Abb. 1 bilde, so wäre hier die monatliche Belastung insgesamt 193,11 €. Den Dauerauftrag würden Sie über 200,- € einrichten. Schön wär's, wenn wir nicht mehr Verbindlichkeiten hätten. Aber es ist ja nur ein Beispiel. In der Realität wird das gewiss anders aussehen.

Zumindest wissen Sie zum jetzigen Zeitpunkt, welchen Geldbetrag Sie auf den Dauerauftrag schreiben. Mit diesem Betrag haben Sie die Grundlage für die nächsten Schritte gelegt.

In den wenigsten Fällen wird es möglich sein, sofort loszulegen. Wenn Sie dagegen schon ein paar Euros auf der Kante haben, die Sie hierfür einsetzen mögen, dann rate ich Ihnen zu einem zeitnahen Start.

Bevor Sie jetzt spontan loslegen, empfehle ich Ihnen dennoch zuerst das gesamte Buch, zumindest einmal, durchzulesen. Denn später werden Dinge behandelt, die Sie ggf. berücksichtigen wollen.

Kurze Zusammenfassung des Kapitels:

Zeichnen Sie sich eine Tabelle nach dem Muster der Abb. 1. Wahlweise generieren Sie eine Tabelle in einer Tabellenkalkulation.

Tragen Sie sich die Rubrik und den Zahlungsempfänger ein.

Berechnen Sie anhand des Zahlungsintervalls die Häufigkeit Ihrer Zahlungen pro Jahr und tragen Sie das in Spalte 3 ein.

Tragen Sie den Betrag pro Zahlung in Spalte 4 ein und berechnen Sie die monatliche Belastung (Spalte 4 x Spalte 3 durch 12) in Spalte 5.

Kontrollieren Sie nochmals und gehen Sie sicher, dass Ihnen keine Ihrer Ausgaben entgangen ist.

Lösung für Zwei und so

Ich lebe seit knapp zwanzig Jahren mit meiner Frau zusammen. Da ist es wenig überraschend, dass wir uns so einige Dinge teilen. Wie zum Beispiel die Stromrechnung, die Miete, das Internet und das Festnetz etc.

Die KFZ-Kosten hat jeder für sich. Aber der Anhänger wird von uns beiden genutzt, so teilen wir die Kosten auf. Das ist für uns so alltäglich, dass ich fast übersehen hätte, dieses Kapitel zu schreiben.

Folgerichtig haben wir das in einer Tabelle „für zwei" gelöst. Das war im Grunde genauso banal wie für eine einzelne Person. Meine Frau hat ihr eigenes Einkommen und Einnahmenkonto, ebenso wie ich. Das Abwicklungskonto ist dann unser drittes Konto, dieses ist ein gemeinsames.

Logischerweise können Sie das Ganze ebenso für einen Haushalt mit mehr als zwei Personen umsetzen.

Das wollte ich erwähnen, bevor Sie sich an das Kapitel „Schwierige Entscheidungen" machen. Die werden Sie in diesem Fall nicht alle für sich alleine treffen.

Sie müssen Sich überlegen, wer was für Dinge alleine bezahlt und welche Kosten Sie sich teilen. Beispielsweise hat jeder sein eigenes Handy, aber das Internet nutzen Sie gemeinsam. Die Stromrechnung werden Sie sich vermutlich ebenfalls teilen.

Jetzt legen Sie für jede Person eine eigene Tabelle an. Genau wie die bisher Beschriebene. Legen Sie sich am besten sinnvollerweise eine Rubrik mit gemeinsamen Kosten in dieser Tabelle an, so wird es übersichtlicher.

In den Beschreibungen wie z.B: Miete steht dann nicht mehr nur Miete. Dort schreiben Sie „1/2 Miete" hinein. Sollten Sie das System für eine Lebensgemeinschaft mit drei Personen, wenn z.B. der erwachsene Sohn mit im Haushalt lebt, umsetzen wollen, so steht da eben „1/3 Miete" und so weiter.

Erwartungsgemäß ist es damit alleine nicht getan. Sie müssen beim „Betrag per Bewegung", nicht mehr den vollen Wert eintragen, sondern den Anteil pro Person. Bei zwei Personen teilen Sie den Betrag durch zwei und bei drei Personen durch drei etc. In einer Tabellenzelle könnte da beispielsweise die Formel „=Betrag/2" stehen. Wobei Betrag dann durch den Gesamtbetrag ersetzt würde.

Weil jede Person Ausgaben hat, die nicht geteilt werden, muss nun jede Person für sich (oder einer für alle) eine separate Tabelle machen. Dabei wird vorgegangen wie beschrieben. Bei der elektronischen Tabelle kann man den Tabellenkörper entsprechend oft kopieren und die Daten eingeben.

Letztlich funktioniert es für jeden Teilnehmer genauso wie für eine Einzelperson. Am Ende jeder Tabelle steht die monatliche Belastung. Jeder Teilnehmer überweist monatlich seinen Betrag auf das Abwicklungskonto.

Wenn es Ihnen leichter fällt, können Sie für jeden Teilnehmer des Systems eine eigene Tabelle machen, die dessen Kosten enthält. Zusätzlich eine weitere Tabelle, mit den gemeinsamen Kosten, deren Endbetrag zum Schluss einfach durch die Anzahl der Teilnehmer dividiert wird. In der Tabelle jedes einzelnen Teilnehmers sollte dann eine Zeile mit dem Teilbetrag aus der zusätzlichen Tabelle stehen, sodass jeder unterm Strich seine monatliche Belastung in der eigenen Tabelle stehen hat.

Für das Abwicklungskonto kann ich Ihnen eine preisgünstige Variante anbieten.

Im ersten Fall verwenden alle Teilnehmer ein gemeinsames Abwicklungskonto, welches den Rechnungsempfängern für Lastschriften mitgeteilt wird. Das ist sinnvoll, wenn man nicht beispielsweise zwei halbe Mieten von zwei Abwicklungskonten an den Vermieter überweisen möchte. Sollten Beträge vom Abwicklungskonto per Überweisung bezahlt werden müssen, so benötigen alle Systemteilnehmer die Kontobevollmächtigung.

Ansonsten hätte man die, allerdings teurere Möglichkeit, dass jeder sein eigenes Abwicklungskonto nutzt und die gemeinsamen Beträge von einem Konto abgehen. So müsste jeder seine eigenen Beträge auf sein eigenes Abwicklungskonto überweisen. Für die gemeinsamen Beträge einigt man sich, wessen Abwicklungskonto man dafür verwendet, um nicht zusätzlich ein gemeinsames Abwicklungskonto betreiben zu müssen. Das gestaltet sich etwas aufwändiger und teurer als mit einem einzigen, gemeinsamen Abwicklungskonto. Diese Variante könnte ich mir für eine WG vorstellen.

Schwierige Entscheidungen

Meine persönlichen Erfahrungen in diesem Bereich sind umfangreich und nehmen einen großen Teil des Kapitels ein. Ich möchte Ihnen diese dennoch auf gar keinen Fall vorenthalten, denn diese Dinge können Sie gemäß meinem Beispiel teilweise direkt für sich nutzen.

Auch wenn es vom Kernthema „Tabelle" etwas abweicht, so gehört Sparen dennoch zum „flüssig sein".

Ich freute mich, dass ich diese Aufstellung gemacht hatte. Zeigte sie mir doch, wie hoch meine tatsächliche, monatliche Belastung im Jahresschnitt war. Damit hatte ich nicht gerechnet. Ich hatte mir vorher niemals die Mühe gemacht, einmal zu überschlagen, ob ich mir überhaupt alles leisten kann, was ich da bezahle. Ich war überrascht und wusste: Ich muss sparen!.

Mir fiel gleich ein riesiger Posten ins Auge. Versicherungen! Gut, niemand sollte ohne Versicherung sein, so viel ist klar. Also kramte ich sofort alle Versicherungspolicen hervor und gab die gesammelten Werke einem Versicherungsmakler, den mir eine Bekannte empfohlen hatte. Er hatte jetzt die ehrenvolle Aufgabe, mir unentgeltlich eine

Menge Arbeit abzunehmen. Fraglos machen Versicherungsmakler das gerne, denn zum Schluss verdienen sie ja an so einem Abschluss.

Andererseits hätte ich im Internet auf zahlreichen Vergleichsseiten jede einzelne Versicherung vergleichen können. Danach jede Versicherung kündigen und beim billigsten Anbieter abschließen. Das hatte ich so nicht im Sinn.

Erstens war mir das zu mühselig und zweitens hatte ich andere Präferenzen. Aber für jemanden, der noch mehr Geld einsparen muss, als ich es musste, wäre dies durchaus eine praktikable Option.

Ich wollte für (zumindest fast) alle Versicherungen einen einzigen Ansprechpartner. Jemanden, den ich im Schadensfall bloß anzurufen brauche, der sich dann um alles kümmert. Jemanden, den ich anrufen kann, wenn ich etwas versichert haben will, der mir dann die passenden Varianten vorschlägt.

So gab ich ihm die Versicherungspolicen in die Hand, mit der Aufgabenstellung, dass ich die gleiche Leistung versichert haben möchte, aber mindestens soundsoviel Euro im Jahr einsparen muss. Er hat das in ein paar Tagen geregelt gehabt.

Ein paar Prozente bei den Kfz-Versicherungen hin und her geschoben, einige unsinnige Leistungen weggelassen und sich mit vielen versicherungstechnischen Spitzfindigkeiten auseinandergesetzt. Dinge von denen ich praktisch nicht die geringste Ahnung habe. Letztlich mit dem Ergebnis, dass ich die bestmögliche Versicherung zum möglichen günstigen Preis bekam. Ein Mann, dem ich mein Vertrauen schenke!

Aber ich wollte nicht nur bei den Versicherungen sparen. Die Handyrechnungen waren mir zu teuer. Nachdem ich mit zwei Handyverträgen und einem Festnetzanschluss schon seit vielen Jahren beim gleichen Anbieter Kunde war, rief ich dort einmal an. Vorher googelte ich noch schnell ein paar Preise, um nicht ganz unwissend dazustehen.

Das Gespräch mit der Telefongesellschaft erwies sich als äußerst lukrativ. Mit dem Hinweis, dass ich zum Vertragsablauf gekündigt hatte, um mir ggf. einen günstigeren Anbieter zu suchen, erhielt ich Rabatte, die im Jahr gute 120,- € ausmachten. 10,- € im Monat für mich! Mit den jährlich 240,- €, die ich an den Versicherungen eingespart habe, waren das schon 30,- € im Monat.

Ich stellte fest, dass ich auf den Pay-TV-Sender verzichten konnte, damit waren es schon insgesamt ersparte 60,- € im Monat. Das tat erst mal etwas weh. Zusätzlich verzichtete meine Frau auf ihren Lesezirkel und wir abonnierten stattdessen einen weitaus preiswerteren Video-Streaming-Dienst. So hatten wir immer noch ein wenig „Luxus" und sparten trotz alledem 70,- € im Monat. Das war schon eine Hausnummer. Es geht endlich um 840,- € im Jahr. Wie Sie unschwer erkennen können, ein gewisses Einsparpotential gibt es immer.

Eine Einsparmöglichkeit, die hiermit nicht unmittelbar zu tun hat, mir aber so ca. 200,- € im Jahr an Einsparungen brachte, war die Modernisierung. Da hierfür jedoch zunächst etwas Kapital nötig war, wirkten sich diese erst im dritten Jahr so effektiv aus. Ich kaufte Heizkörperthermostate mit einer Zeit-Temperatursteuerung und stellte diese auf optimale Energieersparnis ein. Dazu waren auf jeden Fall Recherchen im Internet und eigene Erfahrungswerte nötig. Eine Nachtabsenkung der Wohnraumtemperatur auf eine zu niedrige Temperatur bringt keine Ersparnis, wenn dabei das Mauerwerk völlig auskühlt. Um den zutiefst erkalteten Raum wieder auf eine bewohnbare Temperatur zu bringen, heizt man dann mehr Ener-

gie weg, als man erspart hat. Das sinnvoll zu machen, erfordert etwas Erfahrung.

In der Vergangenheit habe ich einmal das Wohnzimmer mit einer Tapete aus Styropor versehen, über die ich dann die dekorative Tapete geklebt habe. Diesen Raum konnte ich unheimlich sparsam beheizen. Ich hätte nie geglaubt, dass eine Schicht von lediglich 5 mm Styropor so eine enorme Dämmwirkung hat. Eine kostengünstige Sparmaßnahme.

Eine weitere Ersparnis war, dass ich alle alten Energiesparlampen in den Keller und in Räume verfrachtet habe, wo ich noch mit Glühbirnen die Energie sinnlos verheizte. In die Leuchten, die häufig eingeschaltet sind, schraubte ich moderne LED Leuchtmittel. Die Stromrechnung senkte sich um ca. 10,- € im Monat. Nach zwei Jahren waren die Kosten für die LED im Gewinnbereich.

Deshalb heißt dieses Kapitel „Schwierige Entscheidungen“. Wir verzichteten auf Zeitschriften und Pay-TV, um Geld einzusparen. Eine weitere wichtige, schwere Entscheidung war es, nochmals 42,50 € monatlich einzusparen. Da meine Frau und ich Vollzeit berufstätig sind, war unser Sohn nach dem Unterricht in der Hausaufgabenbetreuung. Dazu musste er jedoch in der Schule Mittag-

essen. Das war der Preis. Wir bezahlten aber in den Ferien und an Krankheitstagen diese Pauschale genauso. Steuerlich absetzen konnten wir diesen Betrag ebenfalls nicht. Hinzu kam, dass unserem Sohn das Essen nicht schmeckte. Also bissen wir in den sauren Apfel. Er musste selbständiger werden, nach der Schule zur Oma gehen, dort was Anständiges essen und alleine die Hausaufgaben machen.

Die Hausaufgaben, die er weder alleine noch mit Hilfe der Oma machen konnte, musste er dann eben mit Mama oder Papa am Abend machen.

Andererseits standen wir jetzt auf einer Ersparnis von 112,50 € im Monat. Dieses Ergebnis konnte sich schon sehen lassen. Dies bevor sich die Ersparnisse von Strom und Heizung ausgewirkt hatten! Jetzt fing es an, mir Spaß zu machen. Die schwierigen Entscheidungen haben Früchte getragen.

Bis hierher haben Sie gelesen, wie das in meinen eigenen Erfahrungen war. Wie Sie selbst vorgehen können, finden Sie im Folgenden.

An dieser Stelle wird klar, weshalb wir bisher nicht alle Spalten der Tabelle bearbeitet haben. Denn die Arbeit und Rechnerei wäre umsonst gewesen, zumindest für die Posten, die nach diesem Kapitel weggefallen oder preislich verändert sind.

Überprüfen Sie Ihre Ausgaben und Verpflichtungen sorgfältig. An irgendwelchen Ecken lässt sich immer etwas sparen. Zwar geht unter Umständen ein klein wenig Luxus dabei verloren. Aber wenn man dann genauer darüber nachdenkt, sind es meist Dinge, die größtenteils verzichtbar sind.

Das ist vielleicht einfach der Preis dafür, dass man in der Vergangenheit etwas zu unüberlegt mit dem Geld umgegangen ist.

Addieren Sie alle ihre monatlichen Einnahmen. Dies wird vermutlich eine recht übersichtliche Anzahl an Einzelposten sein, gemessen an denen der Ausgaben.

Sie sollten jetzt deutlich mehr Einnahmen als Ausgaben haben. Zumindest sollten Sie unter dem Strich ausreichend Geld für Ihren täglichen Bedarf übrig haben..

Wenn Ihnen weniger als die bekannten Hartz IV - Zahlen übrigbleibt, so können Sie sich auf Ihren „verfügbaren Betrag" hilfsweise noch Strom und Telefon hinzuaddieren. Erst wenn Sie dann noch unter dem Hartz IV-Satz liegen, könnte es zum Leben knapp werden. Dies gilt nicht, falls Sie bereits Hartz IV beziehen.

Schwierige Entscheidungen

Für den Fall, dass Sie weniger Einnahmen erzielen, haben Sie ja jetzt eine Aufstellung Ihrer Ausgaben und können sich gleich daran machen, entsprechende Einsparungen zu treffen. Einige Möglichkeiten kennen Sie ja nun schon.

An den Versicherungen kann man fast immer Geld einsparen. Aber ich möchte Sie eindringlich davor warnen, an der falschen Stelle zu sparen. Zumindest eine Hausrat- inclusive Glasbruch- und eine Privathaftpflichtversicherung sollten Sie haben. Eine Unfallversicherung mit Krankenhaustagegeld ist auf jeden Fall nicht falsch. Diese sollten Sie auf keinen Fall „wegsparen". Allein der Gedanke, was bei einem simplen Wasserschaden alles an Hausrat kaputtgehen kann, ist erschreckend.

Die Privathaftpflicht halte ich für notwendig. Vor allem deshalb, weil ein mögliches Verschulden bei einem Personenschaden zu enormen Entschädigungszahlungen führen kann. Nehmen wir einmal das Beispiel des Jungen, der zu fuß unterwegs ist. Durch sein Handy abgelenkt, verursacht er einen Verkehrsunfall, bei dem sich ein Fahrradfahrer einigen Knochenbrüche zuzieht. Das kann richtig teuer werden: Krankenhaus, Reha, Schmerzensgeld, Verdienstausfall. Bei bleibenden Schäden kann das eine lebenslange Zahlung nach sich ziehen. Oder Sie machen einen unbedachten Schritt auf die Straße und ein LKW muss ausweichen um Sie nicht zu überfahren, rammt dabei eine Hauswand und steht im Wohnzimmer. Sie mögen darüber schmunzeln, aber unvorhergesehene Dinge geschehen.

Was ich damit zum Ausdruck bringen will, ist, dass Sie gezielt nach Einsparmöglichkeiten suchen sollen. Aber sparen Sie nicht „koste es was es wolle".

Hinterfragen Sie, ob etwas doppelt versichert ist. Häufig ist ein z.B. Hund bis zu einem gewissen Stockmaß in der Privathaftpflicht mitversichert. Das kann Ihnen eine spezielle Hundehaftpflichtversicherung ersparen. Lassen Sie sich von der Privathaftpflichtversicherung bestätigen, dass Ihr Hund auch wirklich versichert ist. Es wäre fatal, wenn etwas passiert und der Hund dann nicht versichert wäre!

Dasselbe gilt evtl. für Ihr Fahrrad. Sollten Sie ein einfaches, nicht sehr teures, Fahrrad besitzen, so ist es unter Umständen in der Hausratversicherung mitversichert.

Machen Sie sich mit den Versicherungen nicht zu viel Arbeit. Hierfür gibt es sogenannte „Finanzoptimierer" wie Sand am Meer. Diese Menschen sind nichts anderes als Versicherungsmakler, die Ihnen zudem bei Ihren Geld- und Vermögensanlagen beratend zur Seite stehen.

Was macht ein Finanzoptimierer? Er lässt sich Ihre gesammelten Werke an Versicherungspolicen und Sparverträgen sowie vermögenswirksamen Leistungen geben. Danach arbeitet er für Sie ein Sparprogramm aus.

Da der „Finanzoptimierer" die Auswahl aus vielen Versicherungsanbietern hat, kann er jeden einzelnen Vertrag bei einem anderen Versicherungsunternehmen für Sie abschließen. Dabei lässt sich eine Menge Geld einsparen. Nebenbei schaut er gleich, dass Sie Ihre Ersparnisse ausreichend lukrativ anlegen. Er unterbreitet Ihnen ggf. Verbesserungsvorschläge.

Egal ob Finanzoptimierer, Versicherungsmakler oder Versicherungsagent, eines gilt immer: Sie müssen Garnichts und es kostet kein Geld! Alle unterbreiten Ihnen Vorschläge und Sie bestimmen, was Sie letztendlich tun.

Wenn Sie vorzugsweise alle Versicherungen beim selben Versicherungsunternehmen versichert haben möchten, so können Sie trotzdem Geld einsparen. Der Versicherungsagent wird sich gerne Ihre Verträge ansehen und Ihnen hier noch etwas einsparen. Manchmal hat es Vorteile, alles bei einer Versicherung zu haben, denn diese bieten teilweise Rabatte an, wenn man mehrere Verträge abgeschlossen hat.

Gleich ob „Finanzoptimierer", Versicherungsmakler oder Versicherungsagent. Scheuen Sie sich nicht diesem Ihre Policen in die Hand zu drücken, mit dem Ziel, bei gleicher Leistung so viel Geld wie möglich einzusparen. Es kostet Sie nichts! In der Regel machen diese dabei ja einen oder mehrere Abschlüsse. Das heißt, sie tun das nicht aus purer Nächstenliebe, sondern sie leben genau davon.

Falls Sie keinen Versicherungsmakler oder Finanzoptimierer kennen, findet sich vielleicht manch hilfreicher Hinweis in Ihrem Freundes- oder Bekanntenkreis. Im Internet wimmelt es von Angeboten aus diesem Bereich, teilweise sind sogar Bewertungen zum einzelnen Anbieter verfügbar, leider gibt es hier auch viele Scharlatane.

Versicherungen selbst im Internet zu vergleichen, ist eine weitere Möglichkeit. Dazu benötigen Sie Ihre Versicherungsunterlagen und müssen aus diesen, relativ viele Daten in das Internet hochladen. Anschließend gibt es diverse Möglichkeiten, wie Sie an das Vergleichsergebnis kommen. Bei einigen Seiten müssen Sie zum Schluss Ihre E-Mail-Adresse eingeben und man kontaktiert Sie für einen Vertreterbesuch. Bei anderen Seiten erhalten Sie eine Ergebnisliste mit Versicherungsangeboten, wo Sie meist direkt mit der Möglichkeit des Abschlusses verlinkt werden.

Wenn Sie die genaue Vorversicherung angeben, können Sie in einigen Fällen direkt die neue Versicherung abschließen. Nach Ende der Kündigungsfrist sind Sie dann lückenlos bei der neuen Gesellschaft versichert. Oft finden Sie dort sogar vorgefertigte Musterkündigungen für die alte Versicherung. Leider funktioniert das nicht immer so, wie sich das auf den Webseiten liest. Oftmals will man nur an Ihre Daten.

Hier wäre es gewiss wieder von Vorteil, wenn Sie sich an einen der vorgenannten Makler wenden, denn diese erledigen das alles für Sie. Sie brauchen in der Regel weiter nichts als ein paar Unterschriften zu leisten. So können Sie gleichzeitig sicher sein, dass Sie zum nächstmöglichen Termin aus der alten Versicherung kommen und lückenlos weiterversichert sind.

Aber Vorsicht! Bevor Sie unterschreiben, sollten Sie überprüfen ob Sie die gewünschte Leistung erhalten und ob sich die neuen Versicherungen nicht nach einer gewissen Zeit verteuern. Fragen Sie bei Unklarheiten nach und lassen Sie ggf. Änderungen vornehmen.

Bei Handy-, Telefon- und Internetkosten sind selbst in den heutigen Flatrate-Zeiten zusätzlich Einsparungen möglich. Zunächst sollten Sie Ihren Handyvertrag grundsätzlich einmal kündigen. Egal, ob Sie diesen erst vor drei Wochen abgeschlossen haben oder er schon seit viel zu langen fünf Jahren besteht. Schreiben Sie eine Vertragskündigung zum nächst möglichen Termin und verlangen Sie explizit eine schriftliche Kündigungsbestätigung. Setzen Sie dabei eine Frist. Normalerweise sollte Ihnen diese, selbst ohne Fristsetzung, innerhalb 14 Tagen nach Kündigungseingang bei der Telefongesellschaft zuzugehen.

Die von Ihnen ausgesprochene Kündigung können Sie in aller Regel wieder zurücknehmen, falls dies für Sie von Vorteil ist.

Bei einem Vertrag, der erst wenige Wochen alt ist, werden Sie sicher keinen Verhandlungsbedarf haben. Diesen haben Sie gewiss unter dem Aspekt, das bestmögliche Preis-Leistungs-Verhältnis zu bekommen, abgeschlossen. Trotzdem haben Sie bei späteren Verhandlungen bessere Karten, wenn Ihr Vertrag erst einmal gekündigt ist.

Alte Verträge sind meist weitaus teurer als neuere Angebote. Daher sollten Sie hier auf jeden Fall verhandeln.

Bevor Sie bei der Telefongesellschaft anrufen, empfehle ich Ihnen einmal für eine halbe Stunde im Internet nachzusehen, was da so alles auf dem Markt angeboten wird. Oftmals benötigen Sie gar nicht den teuren Anbieter, der fast überall Empfang hat. Wenn Sie sich die meiste Zeit Ihres Lebens in Ballungsgebieten aufhalten, dann tut es vermutlich der Vertrag beim billigeren Anbieter.

Mit diesem Wissen haben Sie schon einmal zwei Trümpfe in der Hand. Jetzt sollten Sie sich noch Ihre Ziele notieren, um für den Anruf beim Anbieter gerüstet zu sein.

Wenn Sie anrufen, erwähnen Sie, dass Sie ja Ihren Vertrag bereits wirksam gekündigt haben, jedoch evtl. von einem Anbieterwechsel absehen würden, falls Sie sich auf eine akzeptable Lösung einigen können. Halten Sie die Angebote der Konkurrenzunternehmen bereit, um entsprechend kontern zu können, wenn Ihnen das Angebot Ihres Vertragspartners immer noch zu teuer ist. Sie werden sich wundern, welche Rabatte plötzlich machbar sind.

Sollten Sie jedoch beim Gespräch das Gefühl haben, dass Ihr Gesprächspartner vom Callcenter nicht sonderlich kompetent ist, keine Lust hat oder wiederholt denselben Text vom Bildschirm abliest, dann verabschieden Sie sich schnell, „weil Ihnen gerade was am Herd anbrennt" oder „es an der Haustüre geklingelt hat."

Nicht jeder Mitarbeiter hat gleichviel Ahnung. Wenn Sie das Gefühl haben, dass Ihr gegenüber nicht motiviert ist, Sie als Kunden halten zu wollen, dann rufen Sie besser an einem anderen Tag nochmals an. In der Regel haben Sie da einen neuen Ansprechpartner am Telefon. Fragen Sie direkt nach, was sich an Ihren Kosten einsparen lässt.

Dies funktioniert im Übrigen ebenso bei anderen Verträgen.

Jetzt kommen die wahrhaftig „schwierigen Entscheidungen", denn es geht an Ihren Luxus. Wie ich schon bei meinen persönlichen Erfahrungen beschrieben habe, muss das nicht unbedingt ein Verzicht sein. Es sind eher Überlegungen, die Sie womöglich teilweise selbst schon lange hatten.

Brauchen Sie ernsthaft das komplette Pay-TV-Paket mit allen Sendern? Was davon nutzen Sie überhaupt? Ein solches Abo ist meistens auf lange Zeit abgeschlossen und teurer als manche gute Alternative. Wenn Sie beispielsweise hauptsächlich Filme ansehen wollen, dann ist so ein Pay-TV-Sender oftmals unpraktisch, denn die Filme werden zwar mehrmals wiederholt, trotzdem ist man an festgelegte Ausstrahlungszeiten gebunden. Filme „on Demand" werden dort häufig gegen Aufpreis angeboten. Bei speziellen „Video on Demand"-Anbietern hingegen können Sie mit einem Abo aus einem Pool an Filmen und Serien auswählen und das ausgewählte Video direkt streamen. Teilweise ist es sogar möglich, die Videos auf ein mobiles Gerät herunterzuladen um es später ohne Internetverbindung ansehen zu können.

Falls Sie das Pay-TV ausschließlich wegen der Sportereignisse abonniert haben, so können Sie möglicherweise Ihr Abo auf diesen Bereich reduzieren und kommen mitsamt dem Stream-Abo eines anderen Anbieters insgesamt noch billiger davon.

Bei Zeitungen und Zeitschriften ergibt sich oft die Überlegung, ob man den ganzen „Lesezirkel" benötigt. Vermutlich liest man in Wirklichkeit nur eine oder zwei Zeitschriften und der Rest wird ungelesen weitergereicht. Der Preis eines Lesezirkels ändert sich anhand der Aktualität der Zeitschriften. Da kann man schon sparen, wenn man nicht von jeder Zeitschrift die neueste Ausgabe benötigt. Anders herum kann man sich überlegen, ob man nicht die zwei Zeitschriften alleine abonniert, die man auch wirklich liest. Dies kommt dann sicher günstiger und man hat immer die neueste Ausgabe.

Viele Zeitungen und Zeitschriften werden schon als Online-Ausgaben angeboten. Hier sparen Sie einen Teil der Lesekosten. Ein Zusatznutzen ist, dass Sie der Umwelt eine große Papierverschwendung ersparen. Einen weiteren Mehrwert haben Sie durch die integrierten Suchfunktionen, die Farbfotos, die sich vergrößern lassen und teilweise Videos. Dies alles haben Sie bei der Printausgabe nicht. Andererseits können Sie die digitalen Medien nicht im Regal archivieren. Dazu müssen Sie überlegen, wo Ihre Prioritäten liegen.

Wenn Sie alle Ihre Unterlagen durchforstet haben, ist Ihnen vielleicht noch das Eine oder Andere aufgefallen, was nun nicht mehr tragbar ist. Möglicherweise haben Sie eine Dauerspende zur Unterstützung der „südvietnamesischen Regenwaldschnecke" oder irgendetwas in der Art. Ich will Sie auf keinen Fall in irgendeiner Weise davon abhalten, karitativ tätig zu sein. Allerdings sollten Sie das mit Sinn und Verstand tun. Scharlatane und Betrüger sind äußerst einfallsreich, wenn es darum geht, Ihnen das Geld aus der Tasche zu ziehen.

Ihre Geheimwaffe hierbei wird das Internet sein! Es ist zwar nicht das Allheilmittel für alles und nicht überall im Internet findet man aussagefähige und ehrliche Antworten, dennoch gibt es einen riesigen Pool an Daten. Wenn Sie diesen richtig nutzen und ein bisschen nach Plausibilität filtern, können Sie schnell herausfinden, was sich hinter manchem Charity-Projekt verbirgt. Geben Sie einfach einmal den Empfänger Ihrer Spenden in einer Internet-Suchmaschine ein und sehen Sie, was die Trefferliste so liefert. Sollten Sie jetzt einige Tausend Einträge finden, wo beschrieben wird, um welchen Betrug es sich handelt und wie Ihre Spendengelder veruntreut werden, dann wissen Sie ja, was Sie sich in Zukunft sparen können. Ich möchte hier unbedingt anmerken, dass es eine hohe Anzahl seriöser Projekte, gemeinnütziger Vereinigungen und Unternehmen gibt. Ich will niemandem irgendetwas unterstellen. Die Zahl der Betrüger steigt leider kontinuierlich und die angerichteten Schäden sind hoch.

Sehen Sie nach irgendwelchen Klingelton-Abos oder Ähnlichem, diese finden Sie oftmals auf der Handyrechnung versteckt. Man möchte einmal einen Klingelton herunterladen und schon ist man in der Abo-Falle. Aber alle Abos sind kündbar! Nachdem Sie alle Ihre Ausgaben zusammen getragen haben, fallen Ihnen möglicherweise irgendwelche Internet-Abos auf, bei denen Sie vielleicht schon lange überlegt haben, ob Sie diese benötigen. Jetzt ist der rechte Zeitpunkt, die zu kündigen.

Meine, ohnehin schon lange Liste der Möglichkeiten, erhebt keinerlei Anspruch auf Vollständigkeit. Ich kann Ihnen lediglich den Rat geben, sich jeden einzelnen Posten Ihrer Ausgaben gewissenhaft vorzunehmen, den Sinn zu hinterfragen und die Kosten dem Nutzen gegenüber zu stellen.

Zum Schluss möchte ich Ihnen noch sagen, dass Luxus gar kein Luxus ist, vor allem keine Dekadenz. Wenn Sie sich ein Pay-TV-Abo gönnen wollen und leisten können oder die Zeitschrift, die sie glücklich macht, wenn Sie sie lesen, dann sollten Sie sich das genehmigen. Wenn Sie sich gerne Filme ansehen, dann gönnen Sie sich das Video On Demand-Abo, so Sie sich das leisten können.

Sie dürfen bei aller Sparsamkeit eine Kleinigkeit nicht übersehen: Wenn Sie sich Ihre Zeitschrift oder Ihren Film zu Gemüte führen, so entspannen Sie sich und geben Ihrem Körper und Geist eine gewisse Erholung, deren Wert Sie nicht unterschätzen dürfen. Deshalb sollen Sie sich ein bestimmtes Kontingent an (nicht-) Luxus getrost erlauben. Natürlich können Sie trotzdem abwägen in welcher Form das für Sie in finanzieller Hinsicht optimal ist.

Wenn Sie auf lange Sicht Heiz- oder Stromkosten einsparen möchten, dann können Sie das ebenso umsetzen wie ich es in meinen eigenen Erfahrungen schon beschrieben habe.

Beim Strom können Sie sogar zweimal sparen. Erstens die technischen Möglichkeiten, die ich vorher erörtert habe. Zweitens können Sie auf einer Preisvergleichsseite im Internet zu einem günstigeren Stromanbieter wechseln. Dabei sollten Sie ein paar Dinge beachten.

Wechseln Sie besser zu einem sicheren Unternehmen, als zu einem „windigen" Anbieter der alle Preise unterbietet und Sie dann im Stich lässt. Teilweise ist es inzwischen sogar Usus, dass Stromanbieter, um günstigere Preise anbieten zu können, den Jahresbetrag im Voraus verlangen. Mittels Ihrer Tabelle könnten Sie das zwar theoretisch problemlos umsetzen, dennoch möchte ich davon abraten.

Schwierige Entscheidungen

Es kam inzwischen des Öfteren vor, dass Stromanbieter die Jahresverbrauchskosten im Voraus kassierten und danach in die Insolvenz gingen. Ihr Geld wäre dann weg und die Stromlieferung würde eingestellt.

Ihr regionaler Standardanbieter, meist Stadtwerke o.Ä., ist zwar verpflichtet, Ihre Energieversorgung zu gewährleisten. Den müssen Sie dann fraglos zusätzlich bezahlen, meist sogar um vieles teurer. Lassen Sie sich deshalb maximal auf eine zweimonatige Zahlungsweise ein, damit halten Sie das Risiko in Grenzen.

Dasselbe, wie für den Strom gilt für die Lieferung von Gas. Dort können Sie ebenso leicht den Anbieter wechseln wie beim Strom.

Fallstricke beim Anbieterwechsel sollten Sie dringend beachten! Bei vielen Anbietern von Telekommunikation und Energie sowie von anderen Dauerverträgen hat sich eine üble Unart eingebürgert. Ich persönlich kann meine Wut über diese Art der Werbung kaum verbergen und würde das schon als Betrug einstufen, wäre es nicht legal.

Wer kennt sie nicht, diese Angebote? In der großen Anzeige liest man: „nur 9,99 € pro Monat“, weiter unten im Text bemerkt man dann, dass das Angebot, welches man auf 1 Jahr abgeschlossen hat, ab dem 6. Monat dann doch 29,90 € pro Monat kostet. So beispielsweise viele Handy-Flatrates oder Internetangebote. Sie enthalten zum zweiten Halbjahr eine Preissteigerung um 200%. Ich halte das für legalisierten Betrug und unlautere Werbung.

Achten Sie also bei allen Anbieterwechseln auf solche Preisfallen. In der Regel geht es um weit höhere Beträge als in dem vorgenannten Fall. Da werden Sie oft um hunderte Euros geschädigt, gerade im Bereich Energie. Ich machte diese Erfahrung auch, in meinem Fall waren es 30,- €. Allerdings hatte ich keine andere Wahl und musste das Angebot annehmen. Selbstredend habe ich den Vertrag am nächsten Tag zum Ablauf gekündigt. Die Kündigung kann ich jederzeit wieder zurücknehmen, aber ich stärke meinen Verhandlungsspielraum.

Andererseits gilt es selbst bei solchen Angeboten nachzurechnen. Wenn es nun im Gesamtpaket dennoch günstiger ist als bei den Mitbewerbern, dann kann man „behelfsmäßig" mit diesem Anbieter leben, der gewissermaßen eher ein Fall für den Verbraucherschutz wäre.

Ich werde niemals verstehen, dass angeblich „seriöse Unternehmen" immer noch mit solchen Mitteln arbeiten, anstatt den gleichen Preis für die gesamte Laufzeit und somit ein ehrliches, transparentes Preisgefüge anzubieten.

Kurze Zusammenfassung des Kapitels:

Einnahmen den Ausgaben gegenüberstellen und berechnen ob Ihr Einkommen ausreichend ist. Nötigenfalls ergreifen Sie geeignete Sparmaßnahmen.

Überprüfen Sie Ihre Versicherungen auf Mehrfachabdeckungen.

Lassen Sie sich Ihre Versicherungen finanziell optimieren oder tun Sie das selber.

Kündigen Sie die Telefonverträge, suchen Sie günstigere Angebote und verhandeln Sie mit Ihrem Anbieter.

Wechseln Sie evtl. Ihren Gas-, sowie Ihren Stromanbieter. Achten Sie auf Werbefallen!

Überprüfen Sie Pay-TV und Zeitschriften sowie alle sonstigen Abos auf Notwendigkeit und optimieren Sie das gegebenenfalls.

Hinterfragen Sie Dauerspenden und durchforsten Sie Ihre Ausgaben auf weitere Einsparmöglichkeiten.

Denken Sie über technische Einsparungsmöglichkeiten bei Strom und Heizung nach.

Ans Eingemachte

Ich hatte Ende des Jahres 2010 nicht ausreichend Geld, um mit diesem System starten zu können. Bis zum Start meiner eigenen Tabelle am 16. Februar 2012 habe ich immer wieder etwas auf das Abwicklungskonto zurückgelegt. Die Fixkosten habe ich derweil weiterhin von meinem Einnahmenkonto bedient. Danach habe ich wieder in jedem Monat neu ausgerechnet, wie hoch die Rücklage sein muss. Vor dem Start kostete es mich einige Entbehrungen, um das Geld anzusparen. Aber als dann endlich genug Geld auf der Kante war, konnte ich loslegen.

Wieso müssen Sie zunächst etwas ansparen? Inzwischen haben Sie herausgefunden, wie hoch Ihre tatsächliche monatliche Belastung liegt. Mit etwas Glück konnten Sie diese noch senken, weil Sie geschickt verhandelt und verzichtbare Ausgaben gestrichen haben.

Nun stellen Sie sich einmal vor, Sie haben, ausgehend von unserer Beispieltabelle (Abb. 1), 193,11 € auf das Abwicklungskonto überwiesen. Da es so in der Tabelle steht, kann ja nichts mehr passieren? Das Geld in Höhe der monatlichen Belastung ist auf dem Abwicklungskonto und Sie können sich zurücklehnen?

Jetzt kommen die ersten Abbuchungen. Die Kontoführungsgebühr in Höhe von 6,50 € wird am 1. abgebucht, sind noch 186,61 € auf dem Konto. Am 15. Werden weitere 40,- € für die Handyrate abgebucht. Es läuft alles wie am Schnürchen. Verbleiben 146,61 €. Am 30. bucht das Finanzamt die Autosteuer ab. Ihr Kontowecker schrillt, denn Ihr Abwicklungskonto ist jetzt um 161,39 € überzogen! Schon ist unser Plan in die Hose gegangen. In unserem Beispiel gleich im ersten Monat. Im Monat darauf wäre dasselbe wegen der Autoversicherung passiert. Aber die Steuer könnte genauso gut zu einem anderen Zeitpunkt kommen, dann bemerken Sie es erst, wenn es zu spät ist.

Was ist schiefgelaufen? Die Erklärung ist ganz simpel. Die Fixkosten im April waren höher als der Jahresdurchschnitt. Sie haben für die Autosteuer insgesamt 25,67 € auf das Abwicklungskonto eingezahlt, abgebucht wurden aber 308,- €. Sie haben doch alles richtiggemacht, oder?

Ja, im Grunde genommen haben Sie bis hierher schon alles richtiggemacht, aber Ihr System ist noch nicht alleine lauffähig.

Lassen wir, mal angenommen, den 30. April sein. Ihre Kfz-Steuer war heute fällig. Also hätten Sie das Geld der monatlichen Belastung aus der Kfz-Steuer für 12 Monate, anstatt für einen Monat auf dem Abwicklungskonto haben müssen. Dies ist logischerweise nicht möglich gewesen, weil die Tabelle ganz neu ist und das Abwicklungskonto erst seit einem Monat bedient wird.

In dem Beispiel mit der Autoversicherung ist es das Gleiche. Sie hätten den Betrag der monatlichen Belastung aus 3 Monaten auf dem Abwicklungskonto haben müssen. Deshalb ist es notwendig vor dem Start der Tabelle und dem Abwicklungskonto den notwendigen, Grundbetrag anzusparen. Diesen müssen Sie nun errechnen. Dabei hilft die Tabelle in der folgenden Abbildung.

Ans Eingemachte

Abb. 2, erweiterte Daten.

Ausgabenübersicht

Art d. Ausgabe	Bezeichnung	Häufigk. pro Jahr	Betrag per Bewegung	Monatsbetrag	Zahlart	Erste Fälligkeit im Jahr	Letzte Zahlung voraussichtl. am:	Anzahl Monate seit der letzten Zahlung	Berechnung notwendiger Kontostand	Absolutes Minimum zum Starten
Bank	Kontoführung	12	6,50 €	6,50 €	LA	1		1	13,00 €	6,50 €
Kredit	Handy/Ratenkauf	12	40,00 €	40,00 €	DA	05.01.16	15.11.18	1	80,00 €	40,00 €
Auto	Steuer	1	308,00 €	25,67 €	Ü	4		1	51,33 €	25,67 €
Auto	Versicherung	4	267,80 €	89,27 €	LA	2		3	357,07 €	267,80 €
Versicherungen	Hausrat/Haftpfl/Glasbruch	4	95,00 €	31,67 €	LA	3		2	95,00 €	63,33 €

Erweitern Sie Ihre vorhandene Tabelle um einige Spalten nach dem Beispiel von Abb. 2. Die Angabe der Zahlungsart ist hilfreich, wenn Sie später wissen müssen, für welche Verpflichtungen Sie einen Dauerauftrag einrichten müssen, welche abgebucht werden und welche nach Eingang einer Rechnung überwiesen werden müssen. Daher sollten Sie in die Spalte „Zahlart" ein aussagekräftiges Kürzel entsprechend der Zahlungsweise eintragen.

Die Spalte „Erste Fälligkeit im Jahr" hilft Ihnen, jederzeit beim Blick auf die Tabelle Ihre Fälligkeiten im Auge zu haben. Tragen Sie hier am besten das Datum ein, zu dem Ihre Verbindlichkeit fällig wird. Notfalls wird Ihnen der Monat als Angabe genau genug sein.

Auf der Beispieltabelle sehen Sie, dass die Autosteuer im April fällig ist. Deshalb hat sie das Finanzamt in unserem Beispiel am 30. April eingezogen. Die Autoversicherung war im Februar fällig, also wird sie im Mai, August und November wieder fällig. So können Sie sich ausrechnen für wie viele Monate Sie jeweils den Monatsanteil ansparen müssen, bevor Sie starten können.

Die nächste Spalte dient Ihnen dazu, die Laufzeit von Daueraufträgen festzuhalten. Z.B. bei Verbindlichkeiten, die für eine festgelegte Dauer abgeschlossen sind, wie z.B. Ratenkäufe. Anhand der Angaben dieser Tabelle richten Sie ja später die

---

Daueraufträge ein, die vom Abwicklungskonto abgehen.

Passend ansparen ist die Lösung! In der obigen Beispieltabelle müsste jetzt Mai sein, denn die „Anzahl der Monate seit letzter Zahlung" ist 1 bei der Autosteuer, die ja im Mai fällig ist. Machen Sie in diese Spalte niemals eine Null, denn einen Monatsanteil müssen Sie mindestens immer auf das Abwicklungskonto geben.

Gehen wir einmal die einzelnen Beträge unserer Beispieltabelle nach der Reihe durch. Die Kontoführungsgebühr und der Handyratenkauf sind monatlich fällig, so war die letzte Zahlung vor einem Monat. Tragen Sie hier deshalb eine 1 ein.

Die Autoversicherung ist vor 3 Monaten, im Februar zum letzten Mal gezahlt worden. Somit tragen Sie eine 3 ein. Was gleichzeitig bedeutet, dass Sie den Monatsbetrag für 3 Monate ansparen müssen. Den Betrag errechnen Sie dann in den nächsten Spalten.

Das Versicherungspaket wurde im März abgebucht, was zwei Monate in der Vergangenheit liegt. Ergo müssen Sie eine 2 eintragen. Hier zählt die Fälligkeit, nicht etwa ein verspätetes Überweisungsdatum. Denken Sie daran, dass Sie in Ihrer persönlichen Tabelle vom tagesaktuellen Datum ausgehen müssen.

Die Spalte „Berechnung notwendiger Kontostand" ist die wichtigste, um das Projekt zu starten. Die Summe sagt Ihnen genau, wie viel Geld notwendig ist, um das System erfolgreich ins Rollen zu bringen.

Sie berechnen den einzutragenden Wert so: „Monatsbetrag" x „Anzahl Monate seit letzter Zahlung" + „Monatsbetrag". So erhalten Sie den Betrag für die „noch nicht bezahlten" Monatsanteile bis zum aktuellen Zeitpunkt. Plus einen Monat als Puffer.

Dieser ist notwendig, falls Ihr Lohn-/Gehalt einmal mit ein paar Tagen Verspätung eintrudelt. Dann geht der Dauerauftrag ans Abwicklungskonto in diesem Monat nicht raus! Aber Ihre Verbindlichkeiten laufen weiter und gehen von Ihrem Abwicklungskonto ab. Wenn Sie diesen einen Monatsbetrag nicht gepuffert haben, kann das schon wieder das Aus bedeuten. Ihr Abwicklungskonto ist nicht mehr gedeckt.

Haben Sie aber um diesen einen Monat mehr angespart, so brauchen Sie selbst dann nicht nervös zu werden, wenn einmal Ihr Lohn-/Gehalt etwas später kommt. Den zurückgegangenen Dauerauftrag können Sie nach dem Eingang Ihres Lohnes-/Gehalts manuell auf das Abwicklungskonto überweisen. Weil genug Geld auf dem

Abwicklungskonto war, ist aber sonst gar nichts passiert.

Vor einem Totalausfall Ihres Verdienstes durch Arbeitslosigkeit oder schlimmerem kann Sie dieser Puffer freilich nicht retten. Er hilft Ihnen maximal einen Monat lang.

Ich habe in der Beispieltabelle die Spalte „absoluter Minimalbetrag zum Starten" bewusst und absichtlich durch einen etwas dickeren Strich abgegrenzt. Hier können Sie sich der Rechenformel „Monatsbetrag" x „Anzahl Monate seit letzter Zahlung" bedienen, ohne zusätzlich einen Monat Puffer hinzuzuaddieren. Diese Spalte ist für den Ausnahmefall gedacht, dass jemand schnell starten will und die Ansparsumme unter großen Schwierigkeiten zusammen bekommt.

Aus eigener Erfahrung kann ich nicht empfehlen, mit dem hier errechneten Geldbetrag ohne irgendwelchen Puffer das Programm zu starten. Es wird vielleicht funktionieren. Das geht so lange gut, bis irgendein Geldeingang sich verspätet oder etwas anderes dazwischen kommt. Aber es ist riskant. Ich persönlich könnte damit auf Dauer nicht in Ruhe schlafen. Ich rate Ihnen, falls Sie dieses Wagnis eingehen, sollten Sie nach und nach den fehlenden Betrag auf Ihrem Abwicklungskonto auffüllen. Tun Sie das, so lange bis Sie die notwendige Puffersumme erreicht haben. Diese entspricht einmal der gesamten monatlichen Belastung zuzüglich der errechneten Ansparsumme. Erst wenn das auf dem Konto ist, können Sie wahrhaftig stressfrei starten.

Wenn Sie weit sicherer gehen wollen, dann können Sie Ihren Puffer jederzeit erhöhen. Ein Puffer, um zwei Monate im Notfall überbrücken zu können, fühlt sich in jedem Fall mindestens gut an. Es beruhigt schon ungemein.

Sollten Sie sich ernsthaft entscheiden müssen, mit der reduzierten Summe zu starten, so möchte ich Ihnen einen Tipp mit auf den Weg geben. Bei mir war es ähnlich. Sie kennen ja den Betrag, den Sie als monatliche Belastung auf Ihr Abwicklungs- konto überweisen. Es handelt sich exakt um den gleichen Betrag, der Ihnen jetzt noch als Puffer fehlt. Teilen Sie diesen Betrag durch 6 oder wenn es nicht anders geht durch 12. Nach dem Beispiel der Tabelle auf Abb. 4 würden Sie nun 1250,70 € aufteilen. Sie erhalten als Ergebnis 208,50 € bezie- hungsweise 104,23 €.

Sicher haben Sie schon erraten, worauf ich hinauswill. Wenn Sie sich jetzt einen zusätzlichen Dauerauftrag für die begrenzte Dauer von 6 Mona- ten über 210,00 € oder 12 Monaten i. H, v. 105,00 € einrichten, dann haben Sie nach 6 oder 12 Monaten Ihren Puffer für den Fall der Fälle ange- spart.

Vermutlich fragen Sie sich, weshalb ich dazu einen weiteren Dauerauftrag empfehle. Klar besteht die Möglichkeit, den Dauerauftrag der monatlichen Belastung schlicht um diesen Betrag zu erhöhen. Aber wenn Sie doch eh gerade alles einrichten, dann ist die Variante mit dem zweiten Dauerauftrag bequemer, denn dieser endet von selbst, weil sie ihn befristet anlegen können. Den Haupt-Dauerauftrag brauchen Sie dann nach Ablauf der 6 bzw. 12 Monate nicht mehr zu verändern.

Jetzt geht's also ernsthaft ans Eingemachte. Die Summe der Spalte „Berechnung notwendiger Kontostand" gibt Ihnen jetzt den Betrag vor, den Sie erstmalig auf Ihrem Abwicklungskonto haben müssen, um starten zu können. Sollten Sie das Geld nicht zur Verfügung haben, so ist das kein Grund Ihr Vorhaben komplett zu verwerfen.

Am besten sparen Sie Ihren notwendigen Mindestkontostand direkt per Dauerauftrag auf Ihr Abwicklungskonto an.

Wenn so circa einen Tag vor dem Zahltag etwas übriggeblieben ist, dann überweisen Sie das ebenfalls direkt auf Ihr Abwicklungskonto. Auf diese Weise bekommen Sie nach und nach das Geld zusammen, das Sie als quasi „Grundausstattung" für Ihr Vorhaben benötigen.

Bis sie Ihre Ansparsumme erreicht haben, bedienen Sie Ihre laufenden Kosten weiterhin von

Ihrem Einnahmenkonto. Berechnen Sie jeden Monat, wie hoch zum nächsten Zahltag der notwendige Mindestkontostand zum Starten ist. Dieser variiert monatlich aufgrund der unterschiedlichen Fälligkeitsdaten.

Wenn Sie noch warten müssen um Ihren Startbetrag anzusparen rate ich Ihnen die Zeit zu nutzen und trotzdem schon einmal einen Blick ins Kapitel „Vorletzte Schritte" zu werfen, denn Sie können inzwischen schon einige Dinge vorbereiten.

Kurze Zusammenfassung des Kapitels:

Erweitern Sie die Tabelle um einige Spalten gem. Abb. 2.

Berechnen Sie Ihre notwendige Ansparsumme mit der Formel: Monatsbetrag x Anzahl Monate seit letzter Zahlung + Monatsbetrag.

Legen Sie den notwendigen Geldbetrag auf Ihr Abwicklungskonto.

Reicht Ihr Erspartes nicht aus, so legen Sie sich hierzu einen Plan fest wie Sie den erforderlichen Betrag, evtl. mit einem Dauerauftrag, für den Start der Tabelle auf Ihrem Abwicklungskonto ansparen.

Die übersichtliche Gestaltung

Bevor wir loslegen, möchte ich Ihnen in einigen Abbildungen zeigen, wie die Tabelle übersichtlicher wird und wie das Ergebnis aussehen kann. Zur besseren Übersicht lässt sich die Tabelle untergliedern, wie die Abb. 3 zeigt. Mit allen Einträgen ergibt sich in etwa ein Bild wie in Abb. 4 dargestellt.

Wenn Sie Ihre Tabelle mittels PC und einer Tabellenkalkulation organisieren, was sich absolut anbietet, dann könnte das aussehen wie auf Abb. 5.

Zweifellos ist eine solche Tabelle äußerst übersichtlich und erleichtert die Arbeit. Zu jeder Rubrik gibt es eine Teilsumme. Diese sind für die bessere Übersicht mit unterschiedlichen Farben hinterlegt.

Der größte Vorteil einer elektronischen Tabelle ist, dass sie jederzeit veränderbar ist. Man kann Zeilen einfügen oder einzelne Posten löschen, Beträge ändern und so weiter. Dabei berechnet sich alles von selbst wieder aufs Neue.

Die übersichtliche Gestaltung

Abb. 3 Die untergliederte Tabelle

Ausgabenübersicht

Art d. Ausgabe	Bezeichnung	Häufigk. pro Jahr	Betrag per Bewegung	Monats-betrag	Zahlart	Erste Fälligkeit im Jahr	Letzte Zahlung voraussichtl. am:	Anzahl Monate seit der letzten Zahlung	Berechnung notwendiger Kontostand	Absolutes Minimum zum Starten
Bank	Kontoführung	12	6,50 €	6,50 €	LA	1		1	13,00 €	6,50 €
Kredite	Handy Ratenkauf	12	40,00 €	40,00 €	DA	1	15.11.18	1	80,00 €	40,00 €
KFZ	Steuer	1	308,00 €	25,67 €	Ü	4		1	51,33 €	25,67 €
	Versicherung	4	267,80 €	89,27 €	LA	2		3	357,07 €	267,80 €
	ADAC Mitgliedschaft	1	49,00 €	4,08 €	Ü	10		7	32,67 €	28,58 €
Vers.	Versicherungspack	4	95,00 €	31,67 €	LA	3		2	95,00 €	63,33 €
Kosten										

Monatliche Belastung: Aktuell Notwendiges Guthaben:

Abb. 4 die Tabelle mit vollständigen Daten

Ausgabenübersicht

	Bezeichnung	Häufigkeit pro Jahr	Betrag per Bewegung	Monatsbetrag	Zahlart	Erste Fälligkeit im Jahr	Letzte Zahlung voraussichtlich am:	Anzahl Monate seit der letzten Zahlung	Berechnung notwendiger Kontostand	Absoluter Minimalbetrag zum Starten
Bank	Kontoführung	12	6,50 €	6,50 €	LA	1		1	13,00 €	6,50 €
Kredite	Handy/Ratenkauf	12	40,00 €	40,00 €	DA	1	15.11.18	1	80,00 €	40,00 €
	Geliehen für dieses Projekt	12	50,00 €	50,00 €	DA	1	17.12.20	1	100,00 €	50,00 €
KFZ	Steuer	1	308,00 €	25,67 €	Ü	4		1	51,33 €	25,67 €
	Versicherung	4	267,80 €	89,27 €	LA	2		3	357,07 €	267,80 €
	ADAC Mitgliedschaft	1	49,00 €	4,08 €	Ü	10		7	32,67 €	28,58 €
Vers.	Brille	1	30,00 €	2,50 €	LA	8		9	25,00 €	22,50 €
	Versicherungspaket	4	82,00 €	27,33 €	LA	3		2	82,00 €	54,67 €
	LV-Sterbeversicherung	12	25,00 €	25,00 €	LA	1	1.7.16-2062	1	50,00 €	25,00 €
	Handy Vers. Premium	12	8,95 €	8,95 €	LA	1		1	17,90 €	8,95 €
	Ausl. Reise KV/2	1	18,90 €	1,58 €	LA	12		5	9,45 €	7,88 €
Kosten	Miete	12	721,00 €	721,00 €	LA	1		1	1.442,00 €	721,00 €
	GEZ	4	52,50 €	17,50 €	DA	1		2	52,50 €	35,00 €
	Strom	12	80,00 €	80,00 €	DA	1		1	160,00 €	80,00 €
	Telefon u. Internet	12	30,00 €	30,00 €	LA	1		1	60,00 €	30,00 €
	Handyflat	12	30,00 €	30,00 €	LA	1		1	60,00 €	30,00 €
	Maxdome	12	7,99 €	7,99 €	LA	1		1	15,98 €	7,99 €
Sparen	Nachz.-Rücklage	1	400,00 €	33,33 €	Ü	1		4	166,67 €	133,33 €
	Sparvertrag	12	50,00 €	50,00 €	DA	1	30.09.45	1	100,00 €	50,00 €
	Monatliche Belastung:			1.250,70 €				Aktuell Notwendiges Guthaben:	2.875,56 €	1.624,87 €

Die übersichtliche Gestaltung

Abb. 5 farblich gegliedert, übersichtlich, digital

Ausgabenübersicht										
Kostenart	Bezeichnung	Häufigkeit pro Jahr	Betrag per Bewegung	Monats- betrag	Zahlart	Erste Fälligkeit im Jahr	Letzte Zahlung vorauss. am:	Anzahl Monate seit der letzten Zahlung	Berechnung notwendiger Kontostand	Absolutes Minimum zum Starten
Bank	Kontoführung	12	6,50 €	6,50 €	LA	1		1	13,00 €	6,50 €
Kredite	Handy Ratenkauf	12	40,00 €	40,00 €	DA	1	15.11.18	1	80,00 €	40,00 €
	Geliehen für dieses Projekt	12	50,00 €	50,00 €	DA	1	17.12.20	1	100,00 €	50,00 €
	Zwischensumme Kredite/Raten:			90,00 €						
KFZ	Steuer	1	308,00 €	25,67 €	Ü	4		1	51,33 €	25,67 €
	Versicherung	4	267,80 €	89,27 €	LA	2		3	357,07 €	267,80 €
	ADAC Mitgliedschaft	1	49,00 €	4,08 €	Ü	10		7	32,67 €	28,58 €
	Zwischensumme KFZ-Kosten:			119,02 €						
Vers.	Brille	1	30,00 €	2,50 €	LA	8		9	25,00 €	22,50 €
	Versicherungspack	4	82,00 €	27,33 €	LA	3		2	82,00 €	54,67 €
	LV- Sterbeversicherung	12	25,00 €	25,00 €	LA	1	1.7.16-2062	1	50,00 €	25,00 €
	Handy Vers. Premium	12	8,95 €	8,95 €	LA	1		1	17,90 €	8,95 €
	Ausl. Reise KV/2	1	18,90 €	1,58 €	LA	12		5	9,45 €	7,88 €
	Zwischensumme Versicherungen:			65,36 €						
Kosten	Miete	12	721,00 €	721,00 €	LA	1		1	1.442,00 €	721,00 €
	GEZ	4	52,50 €	17,50 €	DA	1		2	52,50 €	35,00 €
	Strom	12	80,00 €	80,00 €	DA	1		1	160,00 €	80,00 €
	Telefon u. Internet	12	30,00 €	30,00 €	LA	1		1	60,00 €	30,00 €
	Handyflat	12	30,00 €	30,00 €	LA	1		1	60,00 €	30,00 €
	Maxdome	12	7,99 €	7,99 €	LA	1		1	15,98 €	7,99 €
	Zwischensumme Kosten/Ausgaben:			886,49 €						
Sparen	Nachz.-Rücklage	1	400,00 €	33,33 €	Ü	1		4	166,67 €	133,33 €
	Sparvertrag	12	50,00 €	50,00 €	DA	1	30.09.45	1	100,00 €	50,00 €
	Zwischensumme Sparen:			83,33 €						
	Monatliche Belastung:			1.250,70 €			Aktuell Notwendiges Guthaben:		2.875,56 €	1.624,87 €

Noch ein paar Tipps

Ich möchte Ihnen hier ein paar Ideen geben, wie sich noch ein wenig Geld einsparen lässt, wie Ihre Fixkosten noch etwas übersichtlicher werden und was Sie unbedingt noch beachten sollten.

Benzinkosten lassen sich relativ schwer voraussagen und nicht so ganz ohne Probleme vom Abwicklungskonto organisieren. Aber wenn sie über das Abwicklungskonto geregelt sind, dann haben Sie kurz vor der Lohn-/Gehaltsauszahlung nicht die Befürchtung, dass Ihnen das Geld nicht mehr zum Tanken reicht, weil Sie beim letzten Einkauf den leeren Tank vergessen haben. Sie müssen schließlich bis zur nächsten Lohn-/Gehaltszahlung noch irgendwie zur Arbeit kommen.

Hierfür kann ich Ihnen einen effektiven Spar-Tipp geben. Zunächst sollten Sie anhand Ihrer Belege ausrechnen wie viel Geld Sie monatlich im Jahresschnitt zum Tanken ausgeben. Legen Sie unbedingt 10 % obendrauf. Diesen Betrag können Sie dann in Ihre Tabelle einpflegen. Sparen Sie einen Monat zusätzlich als Puffer an. Jetzt ergibt sich die Frage, wie das Geld vom Abwicklungskonto in die Kasse der Tankstelle kommen soll.

Wie wir uns erinnern, haben wir für das Abwicklungskonto keine EC-Karte oder Ähnliches. Es bestünde die Gefahr, dass die Karte mit der vom

Einnahmenkonto verwechselt wird. Außerdem setzen Sie sich der Versuchung aus, im Supermarkt damit zu bezahlen. Sie würden das Ziel der Tabelle gefährden. Aber wie soll das denn sonst funktionieren?

Viele Tankstellen bieten „Tanken auf Rechnung" an. Manchmal in Form einer Tankkarte mit monatlicher Rechnung, welche dann vom Abwicklungskonto abgebucht werden kann. Ein weiterer Vorteil dieser Vorgehensweise ist, dass die Tankstellen häufig einen Rabatt pro Liter anbieten. Auf die Weise hat man zudem einige Euros im Jahr gespart. Bei dieser Vorgehensweise sollten Sie beachten, dass hier in der Regel eine Meldung an die Schufa weitergegeben wird. Der entstehende Eintrag ist nicht zwingend als negativ zu werten, solange das Kundenkonto der Tankstelle regelmäßig bedient wird.

Ein Nachteil bei der Tankkarte ist, dass man oft auf eine einzelne Tankstelle oder Kette beschränkt ist. Unter Umständen können Sie unterwegs nicht von dieser Methode Gebrauch machen und müssen deshalb zwischendurch von Ihrem Einnahmenkonto tanken.

Eine andere Möglichkeit wäre, das Geld für den Spritverbrauch mittels Dauerauftrag auf eine sog. „Prepaid-Kreditkarte" zu überweisen, mit der Sie dann tanken. Denken Sie daran, deren Gebühr ebenso in Ihrer Tabelle einzupflegen. Der Vorteil wäre, dass Sie nicht an eine Tankkette oder eine Tankstelle gebunden sind.

Ich hörte kürzlich von einem Anbieter, der ein kostenloses Girokonto anbietet, ohne Schufa und mit Prepaid-Kreditkarte.

Das Konto konnte ich innerhalb von 5 Minuten nach dem herunterladen der entsprechenden App eröffnen. Ich bin damit zufrieden.

Reise- und Zugkosten für Pendler können ebenfalls vom Abwicklungskonto organisiert werden, wenn man weiß wie. In der Regel kann man Monats- und Jahreskarten bei der Bahn mittels Abo kaufen und vom Konto abbuchen lassen. Dabei bekommt man in der Regel einen akzeptablen Rabatt.

Kosten für Pflegeprodukte, Rasierklingen und einige Dinge des Alltags, könnten Sie ebenfalls über das Abwicklungskonto managen, falls man das will.

Dabei könnten Sie sogar noch Geld sparen, quasi als positiver Nebeneffekt. Ganz gewiss haben Sie schon von sogenannten Spar-Abos gehört. Einige Drogeriemarktketten bieten diese an. So kann man zum Beispiel festlegen wie oft man neue Rasierklingen benötigt. Diese werden einem dann auf dem Postweg in den gewählten Zeitabständen in der gewünschten Menge geliefert. Der Kaufpreis wird von Ihrem Abwicklungskonto abgebucht. Ein positiver Nebeneffekt ist hier die Tatsache, dass bei solchen Abos Rabatte angeboten werden.

Eines dürfen Sie bei diesen Spar-Abos und Reisekostenabwicklungen nicht übersehen. Trotz den Vorteilen der Ersparnisse, Rabatte und besseren Übersicht über Ihre Ausgaben, müssen Sie die Wandlung dieser Ausgabe ebenso im Auge behalten. Denn Dinge werden meist mit der Zeit teurer oder manchmal billiger. Denken Sie daran, dass Sie diese ebenfalls korrekt in Ihre Tabelle einpflegen und die Daueraufträge wie Abbuchungsaufträge entsprechend veranlassen.

Zuletzt möchte ich Ihnen einen Rat mitgeben. Es kann passieren, dass eine unerwartete Zahlung auf Sie zukommt. Z.B. die Waschmaschine, der Kühlschrank oder Ihr Auto geben den Geist auf. In der Regel ist das, was am Monatsende auf dem Einnahmenkonto übrig bleibt zu wenig, um das gleich zu bezahlen. Fatal, wenn Sie das Geld vom Abwicklungskonto holen müssten.

Pflegen Sie sich deshalb einen festen Geldbetrag in Ihre Tabelle ein, den Sie auf die Seite legen. Sie können es auf ein Sparkonto überweisen. Es bar abzuheben und zu Hause zu deponieren hat sich nicht bewährt. Man ist in der Regel nicht konsequent genug, das Geld regelmäßig abzuheben und beiseitezulegen. Man hat auch nicht immer die Gelegenheit dazu, zudem besteht die Gefahr es leichtfertig auszugeben.

Wollen Sie Ihr Geld trotzdem lieber zu Hause aufbewahren, so wäre es sinnvoll einen festen, monatlichen Betrag per Dauerauftrag auf ein Sparkonto zu überweisen und das Guthaben von Zeit zu Zeit abzuheben. Auf diese Weise sparen Sie regelmäßig und können das Geld zu Hause aufbewahren, falls das für Sie sinnvoll erscheint.

Der Tag kommt, an dem Sie sich selbst dafür danken werden. Denken Sie daran, Ihren Dauerauftrag anzupassen.

Kurze Zusammenfassung des Kapitels:

Benzin- / Zugkosten mittels Tank-Abo oder Prepaid-Kreditkarte ebenfalls über das Abwicklungskonto organisieren.

Ggf. Spar-Abos für ständig benötigte Verbrauchsartikel wie Pflegeprodukte etc. einrichten.

Nicht vergessen, diese in die Tabelle mit einzuarbeiten und den Dauerauftrag ans Abwicklungskonto anzupassen.

Regelmäßigen Spar-Betrag organisieren.

Vorletzte Schritte

Inzwischen mögen Sie sich entschieden haben, das Projekt so durchzuführen und sollten einen Zeitpunkt wissen, zu dem der Start realisierbar ist.

Machen Sie sich anhand der Einträge in Ihrer Tabelle eine Übersicht aller Zahlungsempfänger, die die Zahlungen von Ihrem Konto abbuchen.

Notieren Sie sich zu jedem der Zahlungsempfänger, auf welche Weise Sie diesem die neue Bankverbindung mitteilen können und zu welchem Zeitpunkt Sie das tun müssen.

Einige Zahlungsempfänger sind äußerst flexibel, die mochte ich am meisten. Dort ruft man an und bittet darum ab Tag „X" von der neuen Bankverbindung abzubuchen. Das können diese in der EDV erfassen und fertig. Leider trifft das nicht auf alle zu.

Bei vielen kann man die Bankverbindung online ändern. Dies darf man aber erst nach dem letzten Zahlungslauf vom alten Konto tun, weil der Eintrag der neuen Bankverbindung sofort für die nächste Abbuchung gilt.

Beachten Sie dabei, dass die Änderung manchmal erst nach einigen Tagen wirksam wird. Bei den wenigsten kann man ein Datum für die Änderung festlegen.

Manche Unternehmen akzeptieren eine schriftliche Änderung der Bankverbindung. Das wird leicht, wenn dies per E-Mail akzeptiert wird.

Falls Sie Zugang zu einem Faxgerät haben, wird von einigen Unternehmen ein Fax mit eigenhändiger Unterschrift akzeptiert, was wenigstens schneller ist als die Briefpost.

In den seltensten Fällen müssen Sie es mittels Brief und eigenhändiger Unterschrift im Original machen, weil es dort nicht anders akzeptiert wird.

Erkundigen Sie sich deshalb immer vorher, wie das bei jedem einzelnen Zahlungsempfänger geregelt ist. Im Zweifelsfalle rufen Sie zuerst einmal an, oft lässt sich damit eine Menge Zeit einsparen.

Sollten Sie die Bankverbindung in Form eines unterschriebenen Briefes ändern müssen, so empfehle ich grundsätzlich, diese per Einwurf-Einschreiben zu versenden. An Ihre Kopie des Briefes sollten Sie den Einlieferungsbeleg klammern.

Anhand der Nummer auf dem Beleg können Sie, über die Sendungsverfolgung, telefonisch oder im Internet, den Tag der Auslieferung Ihres Schreibens feststellen und auf Ihrer Briefkopie vermerken.

Bei der telefonischen oder der Online-Änderung der Bankverbindung erhalten Sie sofort eine Rückmeldung. Wenn Sie das schriftlich tun müssen, egal ob in Form einer Mail oder in Papierform, benötigen Sie ein Feedback von Ihrem Gegenüber. Sonst wissen Sie niemals verbindlich, ob Ihre Kontoänderung beim Empfänger gespeichert ist.

Setzen Sie den Zahlungsempfängern eine angemessene Frist zur Durchführung der Änderung. Bitten Sie um eine schriftliche Bestätigung derselben. Erst wenn Sie diese an Ihren Brief geklammert haben, sind Sie auf der sicheren Seite.

Bewahren Sie alle diese Schreiben zumindest so lange auf, bis die ersten Buchungen erfolgreich vom Abwicklungskonto abgegangen sind. So haben Sie notfalls einen Nachweis, dass Sie die Änderung der Bankverbindung rechtzeitig mitgeteilt haben. Das könnte beispielsweise in einem Versicherungsfall notwendig werden, wenn diese wegen unbezahlter Beiträge nicht leisten will.

Hiermit dürften Sie schon den Großteil Ihrer Zahlungen bearbeitet haben.

Bei den anderen handelt es sich in der Regel um Daueraufträge, die Sie jetzt auf dem neuen Abwicklungskonto einrichten und gegebenenfalls beim „alten" Einnahmenkonto löschen müssen.

Rechnungen, die in der Tabelle aufgeführt sind, welche Sie nach Rechnungserhalt manuell überweisen müssen, sollten Sie dann natürlich ebenfalls vom Abwicklungskonto überweisen.

Vorletzte Schritte

Da schleicht sich schon einmal die alte Gewohnheit ein. Also achten Sie darauf, von welchem Konto Sie Ihre Überweisungen tätigen.

Kurze Zusammenfassung des Kapitels:

Erstellen Sie sich eine Übersicht aller Zahlungsempfänger und notieren Sie dazu die Zahlungsweise.

Bei den Empfängern, die abbuchen, teilen Sie in der jeweils geeigneten Form Ihre neue Bankverbindung mit. Achten Sie dabei auf den richtigen Zeitpunkt des Wechsels vom Einnahmenkonto zum Abwicklungskonto.

Richten Sie Daueraufträge ein, für die Zahlungen, die Sie überweisen müssen, wie Miete etc.

Das Finale

Sie haben jetzt allen „abbuchenden Gläubigern" die neue Bankverbindung mitgeteilt und für den ersten Monat das „Startgeld" auf dem Abwicklungskonto liegen. Außerdem haben Sie alle Daueraufträge eingerichtet.

Vergessen Sie jetzt nicht, den Dauerauftrag von Ihrem „Einnahmenkonto" an Ihr „Abwicklungskonto" einzurichten. Wie ich vorher schon erwähnte, sollten Sie den Dauerauftrag etwas höher anlegen, als Ihre tatsächliche monatliche Belastung ist. Am besten runden Sie auf den nächst höheren 50,- € Betrag auf. Ich habe Ihnen ja versprochen, den Hintergrund noch zu erklären.

Manchmal kommt es vor, dass Sie den Dauerauftrag nach einer Beitragserhöhung nicht rechtzeitig angepasst haben oder eine Abbuchung höher als erwartet ausfällt. Es kommen öfter Erhöhungen um niedrige Beträge vor, so dass sich die monatliche Gesamtbelastung um wenige Euro ändert. Auf diese Weise wird es nicht jedes Mal gleich erforderlich, den Dauerauftrag erneut zu ändern. Auf jeden Fall können Sie mit diesem Vorgehen vermeiden, dass es in Ihr System einregnet. Zudem schadet es niemals, etwas mehr Geld auf dem Abwicklungskonto zu haben.

Freilich bleibt die genaue Vorgehensweise Ihnen selbst überlassen. Ich kann Ihnen nur, aus meinen eigenen Erfahrungswerten heraus, hilfreiche Ratschläge geben.

Für mich persönlich hat sich diese Vorgehensweise bestens bewährt.

Was ich persönlich noch zusätzlich getan habe, ist sicher nicht für jeden notwendig. Dennoch kann ich Folgendes empfehlen.

Wann immer Sie eine Kleinigkeit verkauft haben, geben Sie als Erlöskonto Ihr Abwicklungskonto an und übertragen Sie das Geld zeitnah auf Ihr Sparkonto. Eventuell können Sie sogar direkt das Sparkonto angeben. Ebenso für Steuerrückzahlungen. Wer weiß, eine unvorhergesehene Rechnung oder eine Steuernachzahlung, oder was, da sonst so kommen wolle, kann jederzeit hereinschneien. Spätestens dann sind Sie mir dankbar und haben ein paar Euro auf der Seite. Zum Schluss noch ein paar Dinge, die Sie wissen sollten.

Viele Banken bieten einen sogenannten Kontowecker an. Gegen die Gebühr von wenigen Cent pro SMS bekommen Sie einen sogenannten Kontowecker. Richten Sie sich einen solchen ein, der Sie sofort benachrichtigt, sobald der Kontostand des Abwicklungskontos einen bestimmten Minimalbetrag unterschreitet. Berechnen Sie diesen Betrag so, dass er mindestens die Summe ihrer beiden höchsten Einzelbeträge abdeckt. Damit Sie rechtzeitig eine SMS bekommen, die Ihnen sagt, dass der Kontostand zu niedrig ist.

Spätestens wenn dieser Kontowecker zum ersten Mal ausgelöst wird, werden Sie an mich denken. Vor allem dann, wenn ein paar Tage später etwas Größeres abgebucht wird und Sie durch schnelles Handeln eine Rücklastschrift vermeiden konnten. Denken Sie daran: Das hier erklärte System ist, sagen wir mal, gut ausgedacht, aber es kann immer etwas Unvorhersehbares passieren. Wenn Sie dafür vorgesorgt haben, sind Sie mindestens nah dran, auf der sicheren Seite zu sein.

Behalten Sie im Auge: Sämtliche Kosten unterliegen einem stetigen Wandel!

Überwachen Sie stets Ihre Ausgaben!

Wenn Sie eine Rechnung erreicht, so nehmen Sie Ihre Tabelle zur Hand oder öffnen Sie Ihre digitale Tabelle und sehen Sie nach, ob sich der Zahlbetrag verändert hat. Ist er unverändert, brauchen Sie nichts zu tun. Andernfalls müssen Sie naturgemäß den neuen Zahlbetrag in Ihre Tabelle einpflegen, die monatliche Belastung neu errechnen und nachsehen, ob der Dauerauftrag an das Abwicklungskonto noch ausreichend hoch ist.

Handelt es sich um einen Betrag, den Sie per Dauerauftrag bezahlen, so denken Sie daran, diesen ebenfalls rechtzeitig anzupassen. Beim Einzugsverfahren ist in der Regel nichts weiter zu unternehmen.

Wenn Ihnen neue Kosten entstehen, beispielsweise eine neue Versicherung deren Prämie Sie jährlich bezahlen etc., dann gehen Sie am besten vor wie folgt:

Nachdem die erste Prämienzahlung sofort bei Abschluss fällig wird, könnten Sie diese direkt vom Einnahmenkonto bezahlen.

In der Regel werden Sie aber der Versicherung Ihr Abwicklungskonto für den Bankeinzug genannt haben. Für diesen Fall pflegen Sie zunächst die Daten in Ihre Tabelle ein. Lassen Sie den Betrag vom Abwicklungskonto abbuchen.

Wichtig: Überweisen Sie vorher den Geldbetrag für die erste Prämie (plus den Monatsanteil für einen Monat) von Ihrem Einnahmenkonto an Ihr Abwicklungskonto.

Dies entspricht der Ansparsumme wie beim Beginn der Tabelle. Vergessen Sie nicht, den Betrag im bestehenden Dauerauftrag an Ihr Abwicklungskonto anzupassen.

An dieser Stelle sind Sie nun so weit, dass Sie sich etwas entspannen können. Alles ist fertig eingerichtet und Ihre Tabelle nebst Abwicklungskonto ist fast ein Selbstläufer.

Sie müssen bloß daran denken, Ihre Ausgaben trotzdem immer im Auge zu behalten. Eben jedes Mal dann, wenn sich ein Betrag ändert, eine neue regelmäßige Ausgabe dazu kommt oder wegfällt, weil beispielsweise ein Ratenkauf abgegolten ist.

Kurze Zusammenfassung des Kapitels:

Legen Sie Ihren Dauerauftrag ans Abwicklungskonto an, lieber 50,- € höher als zu knapp.

Stellen Sie sich einen Kontowecker für den Fall der Unterschreitung des Mindest-Deckungsbetrages.

Behalten Sie die laufenden Kosten immer im Auge und passen Sie Tabelle wie Daueraufträge ggf. an.

Pflegen Sie neue Dauer-Ausgaben in Ihre Tabelle ein und passen Sie ggf. den Dauerauftrag ans Abwicklungskonto an. Denken Sie daran, die erste Zahlung vom Einnahmenkonto zu leisten, da für die neue Ausgabe nichts angespart ist.

Vorteile der Digitalisierung

Sollten Sie die elektronische Tabelle von mir erworben haben, so erhalten Sie an dieser Stelle einige Hinweise dazu. (Sie können die Tabelle unter _dietabelle.knowhelp.de_ erwerben.)

Die Vorteile einer elektronisch geführten Tabelle liegen auf der Hand, unabhängig davon, ob Sie diese selbst gefertigt oder bei mir bezogen haben.

Sie können Zeilen hinzufügen, wenn Ihnen diese in einer Rubrik nicht ausreichen. (Vergessen Sie aber dann nicht, die Formeln in die entsprechenden Felder einzusetzen oder zu kopieren.)

Sie können zusätzliche Rubriken anlegen. Wenn Sie eine zusätzliche Rubrik anlegen, so denken Sie daran, dass Sie die entsprechende Summenformel bei der Gesamtsumme anpassen müssen.

Sollten Ihnen die gewählten Farben für die einzelnen Rubriken nicht gefallen, so können Sie diese natürlich ebenfalls ändern.

Die von mir erstellte elektronische Tabelle enthält Rechenformeln! Bevor Sie den Blattschutz aufheben und herzhaft irgendwelche Zellinhalte löschen oder ändern, denken Sie daran, dass in einigen Spalten die Rechenformeln stehen, wegen derer Sie die Tabelle gekauft haben.

Die zweite Tabelle in Ihrer Datei enthält die Beispieldaten, die Sie schon aus dem Kapitel „Die übersichtliche Gestaltung" kennen. Diese dient lediglich als kleine Hilfestellung damit Sie immer wieder nachsehen können wie das im Buch war.

Ohne Kenntnisse Ihrer Anwendersoftware sollten Sie an der Tabelle keine größeren Veränderungen vornehmen. Holen Sie sich besser die Hilfe einer Person, die fortgeschrittene Kenntnisse besitzt.

Bevor Sie mit dieser Tabelle irgendetwas anderes machen, fertigen Sie sich eine Kopie, welche Sie schreibgeschützt gesichert speichern und aufbewahren. Um Sie vor Schaden zu bewahren, empfehle ich Ihnen, diese Tabelle zusätzlich auf einer CD zu sichern. Bitte denken Sie daran, dass Sie nicht berechtigt sind weitere, nicht autorisierte, Kopien der Tabelle sowie des Buches an dritte weiter zu geben. Sie würden damit mein Copyright verletzen. Buch wie Tabelle bleiben mein geistiges Eigentum. Sie haben das Nutzungsrecht erworben.

Haftungsausschluss

Ich habe das Buch „Die Tabelle" mit äußerster Sorgfalt verfasst und bin mir verhältnismäßig sicher, dass Sie damit den im Buch beschriebenen Erfolg erzielen können.

Die digitale Tabelle wurde von mir nach bestem Wissen und Gewissen erstellt. Ich selbst benutze dieselbe Tabelle seit dem 16. Februar 2012 erfolgreich.

Trotz all dieser Sorgfalt und von mir hineingesteckten Mühe können sich Fehler einschleichen.

Genauso besteht die Möglichkeit, dass Sie versehentlich Formeln verändern, oder löschen beziehungsweise falsche Daten eintragen oder sich verrechnen.

Obwohl ich mir sicher bin, dass alles beim Besten ist, schließe ich jegliche Haftung in Verbindung mit dem Buch und der elektronischen Tabelle generell aus.

Der einzige Ersatz, bei nachgewiesenen Mängeln, den ich zu leisten vermag, ist die Ersatzlieferung der gekauften Datei, sollte diese mangelhaft sein. Beim Buch sind Warenmängel direkt beim Verlag oder Händler zu reklamieren.

Die Haftung für Folgeschäden, finanzielle Schäden und sonstige Schäden aufgrund der Nutzung

Haftungsausschluss

dieses Buches und der elektronischen Tabelle ist im Rahmen der gesetzlichen Möglichkeiten gänzlich ausgeschlossen.

Gerichtsstand ist Dillingen a. d. Donau bei deutschem Recht.

Epilog

Nach langem Hin und Her sind Sie endlich beim Nachwort angekommen. Ich habe mir viele Nächte um die Ohren geschlagen und dieses Buch für Sie fertig gestellt. Ich denke und hoffe, dass es dafür eine gesunde Nachfrage gibt.

Damit es nicht unerwähnt bleibt. Ich habe in meinem Buch die Begriffe „Excel®" und „Open Office®" verwendet. Dies sind geschützte Warenzeichen der jeweiligen Rechteinhaber.

Ich freue mich, dass ich es an dieser Stelle geschafft habe, das Buch zu vollenden und wünsche Ihnen, dass Sie das gewünschte Ergebnis damit erzielen. Empfehlen Sie es gerne weiter, wenn Sie damit zufrieden sind. Falls Sie das aus irgendeinem Grund nicht sein sollten, so nehmen Sie mit mir Kontakt auf.

Lesen Sie bald mein nächstes Werk: „Das Sparbuch zur Tabelle" und „Schuldenfrei, wie ich es schaffte".

So verbleibe ich mit den besten Wünschen.

Ihr

Michael F. Stelzer

Über den Autor

Friedrich Michael Stelzer (Michael F. Stelzer), geboren am 14. März 1963 in Heidelberg. Von 1969 bis 1978 besuchte ich die Schule und schloss in meinem 15. Lebensjahr die Hauptschule mit dem qualifizierenden Hauptschulabschluss ab.

Dann lernte ich Koch und später Datenverarbeitungskaufmann. Mit 51 Jahren schloss ich erneut eine Ausbildung zur geprüften Schutz- und Sicherheitskraft ab. Ich koche heute noch gerne und beinahe täglich. In den 2000er Jahren war ich sogar in ganz Deutschland als Show-Koch für einen Hersteller von ital. Pfannen unterwegs. Mir fallen immer wieder neue Leckereien ein. Also wundern Sie sich nicht, wenn unter meinem Namen eines Tages ein Kochbuch erscheinen sollte. Ich habe dazu schon die eine oder andere Idee.

Als gelernter DV-Kaufmann, heute heißt dieser Beruf IT-Systemkaufmann, arbeite ich gerne mit Computern, kreiere Excel-Tabellen und Internetseiten. Wie dieses Buch zeigt, bekomme ich zumindest eine simple Tabelle hin.

Derzeit arbeite ich im Werksschutz als geprüfte Schutz- und Sicherheitskraft und in meiner Freizeit sitze ich im Garten, pflege diesen etwas, grille ausgesprochen gerne und wenn es mir möglich ist, schreibe ich an einem Buch.

Wenn ich mir so recht überlege, kommt es wirklich immer anders, als man denkt.

Ich war als Schüler immer schreibfaul. Kein normaler Mensch konnte meine Schrift lesen. Es war ein schreckliches Gekrakel und „Fehlerfrei" war ein Fremdwort für mich. Aus Flüchtigkeit mache ich heute immer noch Fehler, meist in der Groß- und Kleinschreibung.

Deshalb wollte ich einen Beruf erlernen, in dem ich nicht viel schreiben muss.

Heute arbeite ich in einem Beruf, in dem man ständig irgendetwas schreiben muss. Notizen, Berichte, Listen, Tabellen, Mails und vieles mehr. Na ja und jetzt habe ich sogar mein erstes Buch geschrieben.

Michael F. Stelzer

Stichwortverzeichnis

Stichwortverzeichnis

Stichwortverzeichnis

Bestellhinweis und Kontakt

Hier können Sie die elektronische Tabelle bestellen. Sie erhalten diese entweder für „Microsoft® Excel" oder für „Open Office™ Calc". Scannen Sie den unten abgebildeten QR-Code oder geben Sie in Ihrem Web-Browser die nachfolgende URL ein:

https://dietabelle.knowhelp.de

Wenn Sie mich kontaktieren möchten, können Sie den nachfolgenden QR-Code scannen oder eine Mail an *michaelfstelzer@knowhelp.de* senden.

Weitere Bücher

- Sparbuch, zur Tabelle

Das Sparbuch zur Tabelle war ursprünglich als zweiter Teil dieses Buches angedacht. Doch hätte er das Kernthema aufgebläht, deshalb habe ich es ausgelagert. Ein Veröffentlichungsdatum kann derzeit nicht prognostiziert werden.

- Schuldenfrei, wie ich es schaffte

Dieses Buch ist in Planung. Nachdem ich aktuell schon schuldenfrei bin, muss ich es noch schreiben. Die Daten und Fakten sind bereits gesammelt.

- Lidl-Cooking

Die Idee hinter diesem Buch ist es, wunderbare Gerichte zu zaubern, aus Lebensmitteln, die bei meinem Lieblingsdiscounter erhältlich sind. Ich denke dabei an diverse Rezepte aus der klassischen Menüfolge. So kann man unter guter Anleitung schöne, mehrgängige Menüs zusammenstellen. Eventuell werde ich einen Teil der Low-Carb-Küche widmen, mit deren Hilfe meine Frau bisher über 50 kg abgenommen hat. Aber dieses Buch steht noch in den Sternen, obwohl ich schon einige Rezepte und Fotos gesammelt habe.